북한과 미국은
친구가 될 수 있을까

북한과 미국은
친구가 될 수 있을까

초판 1쇄 발행일 2018년 11월 8일
초판 2쇄 발행일 2019년 9월 11일

지은이   장창준

펴낸이   김완중
펴낸곳   내일을여는책
편집총괄 이헌건
디자인   구정남
관리실장 장수댁

인쇄   아주프린텍
제책   바다제책

출판등록 1993년 01월 06일(등록번호 제475-9301)
주소   전라북도 장수군 장수읍 송학로 93-9(19호)
전화   063) 353-2289
팩스   063) 353-2290
전자우편 wan-doll@hanmail.net
블로그   blog.naver.com/dddoll
ISBN   978-89-7746-093-5 03340

평화의 시대 동맹의 길

북한과 미국은
친구가 될 수 있을까

글 장창준

내일을여는책

평화의 시대에
한미동맹의 길을 묻는 이유

1.

북한과 미국처럼 견고한 적대관계는 없었다. 두 나라 최초의 정상
회담이 제3국인 싱가포르에서 개최되었다는 사실은 북한과 미국의 '특
별한' 적대관계를 상징한다. 그만큼 두 나라 사이에는 불신이 지배하
고 있다. 북한과 미국 못지않게 적대적이었던 미국과 중국의 최초 정상
회담 개최지는 베이징이었다. 한국전쟁보다 더 긴 전쟁을 벌였던 미국
과 베트남 역시 하노이에서 최초의 정상회담을 했다.

그래서 사람들은 회의한다. 과연 북한과 미국은 친구가 될 수 있을
까. 6월 12일 싱가포르에서 북미 정상이 합의문을 발표하고 악수를 했
지만, 회의는 사그라지지 않았다. 아니 미국 내에서는 회의론이 급부상
했다. 북한을 믿을 수 없다는 거다. 북한이 핵시험장을 폐쇄하고 미사
일 발사대를 해체해도 요지부동이었다.

2.

남과 북은 2018년 9월 평양공동선언에서 남북 전쟁 가능성을 종
식시키기로 합의했다. 이는 북한과 미국이 '특별한' 적대관계를 끝내고
친구가 될 수 있는 조건이 마련되었음을 의미한다. 북한과 미국은 상
대방을 겨냥하는 핵을 보유함으로써 전쟁의 가능성을 줄였다. 남과 북
은 재래식 병력의 충돌 가능성을 없앰으로써 전쟁의 가능성을 줄였다.
핵전쟁도 없고, 재래식 전쟁도 없는 한반도 평화시대가 열리고 있다. 전
쟁의 가능성이 사라지면 적대의 조건은 소멸된다.

적대의 조건이 사라지면 친구 맺기가 남는다. 북한과 미국은 끊임없이 상호작용해야 하는 관계에 있다. 나쁜 방향으로 상호작용하면 적대관계이고, 좋은 방향으로 상호작용하면 친구 사이이다. 적대가 지속되는 관계는 상호작용을 나쁜 방향으로 유도한다. 전쟁과 적대의 소멸은 상호작용을 좋은 방향으로 유도한다. 북한과 미국은 친구가 될 수 있다.

3.

한미동맹은 굳건해야 한다는 신념이 있다. 군사적 긴장이 고조될 때도, 화해와 협력의 분위기가 상승할 때도 '굳건한 동맹'이 강조됐다. 냉전이 지속되면서 어느 순간 동맹은 지고지순한 가치가 되어버렸다. 그러나 동맹은 평화를 위한 수단일 뿐이다. 동맹의 논리가 평화의 논리에 앞서는 순간, 동맹은 맹신이 된다.

맹신에 빠지면 합리적 사고는 사라진다. 우리의 이익과 미국의 이익을 구분하지 못하게 되고, 경우에 따라 미국의 이익을 우리의 이익으로 착각하는 경우도 생긴다. 동맹을 강조하는 순간 주권은 침해된다. 그렇게, 우리의 주권은 동맹에 저당잡혀 있었다.

4.

'굳건한 동맹'이라는 유령이 한국 사회를 배회한다. 냉전이 해체되고 평화가 도래함에도 불구하고, 여전히 한미동맹을 유지시키려는 강력한 힘이 존재한다. 그러나 동맹이 유지되면 냉전은 해체되지 않는다. 동맹이 굳건하면 남북 사이의 긴장 완화와 화해도, 북한과 미국의 친구 맺기도 중단된다. 우리는 무엇을 선택해야 하는가.

전쟁의 시대가 가고 평화의 시대가 오고 있다. 한미동맹은 한반도에서 새롭게 시작되고 있는 평화의 시대와 화합할 수 있는지, 그게 아니면 평화와 동맹은 양립할 수 없는지 냉정하고 진지하게 검토해야 할 때다. 평화의 시대에 한미동맹의 길을 묻는 이유이다.

2018년 9월 21일
장 창 준

오늘의 시대가 놓치지 말고 반드시 읽어야 할 책

기다리던 책이 나왔다. 오랫동안 한반도의 전쟁과 평화 문제를 탐색해 온 장창준 박사의 『북한과 미국은 친구가 될 수 있을까』가 바로 그 책이다. 이 저작은 시기적으로 적절하고, 문제의식의 차원에서 올바르다. 평화의 시대를 준비하면서 구시대적 틀거리가 그대로 존속하는 모순을 정면으로 거론하는 과정 없이 새로운 시대를 만들어낼 수 있을까? 냉전체제를 해체하는 작업에 냉전체제의 핵심적 구조인 한미군사동맹을 그대로 유지하겠다는 것은 우선 논리적으로 성립될 수 없다. 그건 결국 기만이 되고 말 뿐이다.

방식과 시간표의 논란은 있을 수 있어도 '탈동맹' 또는 '비동맹'이라는 목표는 기본 출발점이다. 그러나 이러한 주장과 논리는 해체의 대상인 냉전논리에 의해 끊임없이 공격의 대상이 된다. 촛불시민혁명 이후 적폐세력 청산에 대해 적폐세력들이 정치보복 운운하면서 새로운 역사를 가로막으려드는 것과 다를 바가 없다.

그렇다고 평화통일의 시대를 주체적으로 감당하겠다는 문재인 정부가 이러한 논리를 정면으로 받아치면서 타개해나가는 것도 아니다. "한미동맹의 군건한 토대 위에 한반도 평화문제를 풀고 있다"라며 되풀이하고 있는 '공식입장'은 정치적으로 일단 방어적일 수밖에 없는 형편과 미국과의 관계를 고려하지 않을 수 없는 외교적 입지 때문이라고 양해할 수 있다. 그러나 언젠가는 돌파해야 할 지점에 대한 수세적 태도의 지속은 평화시대 창출에 스스로 한계를 긋는 우를 범하고 말 뿐이다.

한미동맹은 주권적 차원에서 우리의 국가적 위상을 훼손하고 있고, 남북관계의 변화를 담아내지 못하고 있으며 도리어 언제든 한반도의 군사적 적대상황을 주도해버릴 수 있는 대단히 위험한 구조물이다. 평화체제의 강화보다는 전쟁을 위한 장치로서 그 존재 이유가 있기 때문이다. 평화협정 체결이 제대로 속도감 있게 이루어지지 못하는 중요한 이유가 바로 한미동맹의 미래에 대한 논의가 정리되어 있지 못한 탓이라는 점은 '미군철수 논란'에서 확연해진다.

북한을 적대적 대상으로 설정해놓은 동맹이 북한과 관계 정상화로 들어서는 과정에서 변화를 요구받는 것은 너무나도 당연하다. 물론 그 동맹의 성격 변화와 미군 주둔의 문제를 어떻게 풀어낼 것인가는 냉전 이후의 동아시아 국제정치의 맥락 속에서 접근되어야 할 것이다. 평화유지군이건 아니면 동아시아 공동안보체제 성립이건 여러 대안이 논의되어야 한다. 그러자면 한미동맹이라는 냉전 구조물의 해체가 기본 관건이다. 그렇지 않으면 겉에 입고 있는 옷은 탈냉전인데 속에 품고 있는 것은 냉전의 시한폭탄이라는 위험천만 상태의 일상화가 지속된다.

장창준 박사는 이러한 맥락과 본질에 대해 선명한 분석과 함께, 냉전 해체의 종결을 위한 논리와 구체적이고 세밀한 현실 검토를 하고 있다. 속도감 있는 문체와 오랜 연구의 결과가 결합된 그의 저서는 오늘의 시대가 놓치지 말고 반드시 읽어야 할 책이다. 그의 말대로 "굳건한 동맹이라는 유령"을 퇴치하고 평화의 시대를 갈망한다면 말이다. "한반도의 지정학적 위치가 적대와 대결을 부추기고 강화하는 장치로 작동한 것은 분명한 사실이다. … 반대로 한반도의 지리적 위치는 지정학적 축복이 될 수도 있다. 한반도에서 화해와 협력의 정치가 지배하게 된다면, 대륙세력과 해양세력이 한반도에서 갖는 이해관계는 조정될 수밖에 없다." 바로 이것을 염두에 둔다면, 우리는 이후의 관건이 "동아시아 외교라는 새로운 장"이라는 것을 알게 될 것이다.

한미동맹이 곧 한미 관계는 아니며, 한미동맹의 해체가 한미 관계의 해체 또한 아니다. 군사가 아닌 외교라는 방식으로 한반도와 동아시아의 미래를 구축해 나가는 기초가 한미동맹이라는 냉전의 유물을 청산하는 작업에서부터 비롯된다는 논지는 더 이상 위험시되지 말아야 한다. 이건 이제 역사적 필연이다.

김민웅 경희대학교 미래문명원 교수

장창준, 한미동맹의 길을 묻다

2017년 8월 15일 광복절 경축사에서 문재인 대통령이 말했다.

"한반도에서의 군사행동은 대한민국만이 결정할 수 있고 누구도 대한민국의 동의 없이 군사행동을 결정할 수 없다."

2018년 10월 10일 미합중국 도널드 트럼프 대통령이 말했다.

"그들은 우리의 승인 없이 그렇게 하지 않을 것이다. 그들은 우리의 승인 없이 어떤 것도 하지 않을 것이다."(They do nothing without our approval.)

대한민국 정부가 대북 제재를 해제하겠다는 소식에 나온 말이다.

대한민국의 주권이 처한 상황은 이다지도 삼엄하다. 우리 대통령이 말한 "대한민국의 동의"와 미 대통령이 말한 "우리의 승인" 사이 거리는 얼마나 될까. 우리 동의 없이 미국은 대북 선제공격을 못하고 미합중국 승인 없이 우리는 대북 제재 해제를 못한다는 말 아닌가.

어언 70년이 되어간다. 한미동맹의 역사가 말이다. 그 세월은 우리가 반동가리 주권에 자족한 채 "힘이 없어서" 하며 체념하고 살아온 나날이다. 도대체 한미동맹 없는 대한민국이 가당키나 한 일이며, '미국 없이 살아보기'는 도무지 상상조차 할 수 없지 않았던가.

장창준이 여기에 도전장을 던졌다. 핵을 둘러싼 북미간의 쟁투에서 실마리를 따 와서는 한미동맹의 이러저러한 약한 고리를 질기게 씹는다. 그리곤 묻는다. '동맹이긴 했을까?' 그리 보니 아닌 것 같기도 하다. 아니 최소한 꽤 심각한 조정국면으로 들어선 것 같다. 저 위 두 대통령의 말만 보면 그렇지 않은가. 그리곤 주권국(?) 대한민국이 처한 주권상황을 평택기지, 전작권, 사드, 보수적 안보론 등에 빗대 신랄히 비판하고 있다.

미국이 원하는 것은 자신에게 우호적인 한반도 '세력균형'이다. 그것이 목적인지라 여기에 이르는 방도가 평화건 전쟁이건 아주 부차적이다. 안정과 평화가 자신에게 유리하면 그렇게 하는 것이고 아니면 전쟁이다.

그러면 장창준은 뭘 어떻게 하자는 것인가. 비동맹이다. 혹은 탈동맹이라 불러도 좋단다. 이 길로 가야 평화가 열린다는 말이다. 전혀 새로운 길이니 안전은 누구도 보장 못한다. 하지만 이제는 이런 제안도 이런 담론도 시민권을 주장할 때가 되었다. 미국 패권이 저물었는지, 이제 참된 평화의 시대가 열렸는지 나로선 알 수 없다. 하지만 그 새로운 시대를 준비하는 것, 그것은 우리의 권리이자 의무다. 여기에 미국의 "승인"은 필요없지 않을까. 장창준은 이 말을 하고 싶어 한다.

이해영 한신대학교 국제관계학부 교수

목차

목차

V.
평화의 시대, 한미동맹의 길

북한과
미국은
친구가 될 수
있을까

I
북한 ICBM,
미국을
흔들다

1. 북한 ICBM, 세 번 날다

대륙간탄도미사일, ICBM

대륙간탄도미사일과 전략폭격기 그리고 잠수함발사미사일. 미국이 '핵전력의 3대 축'(nuclear triad)이라고 부르는 무기 체계다. 모두 핵탄두 운반체다. 미국이 1945년 8월 6일과 9일 일본의 히로시마와 나가사키에 핵무기 '리틀보이'와 '팻맨'을 투하할 때만 해도 이런 운반체가 발달하지 않았다. 그래서 미국은 대형 폭격기에 핵탄두를 싣고 날랐다.

핵탄두를 실은 세 대의 B-29가 8월 6일 출격한 곳은 일본 본토에서 비행시간 기준 6시간 떨어진 서태평양 마리아나 제도의 티니언 섬이었다. 그중 '에놀라 게이'라는 이름이 붙은 B-29가 히로시마 9,470미터 상공에서 핵무기를 투하했다. 핵무기는 43초 동안 '자유 낙하'한 후 580미터 상공에서 폭발했다. 그 사이 '에놀라 게이'는 18.5킬로미터를 비행하여 핵폭탄의 후폭풍에서 벗어났다.

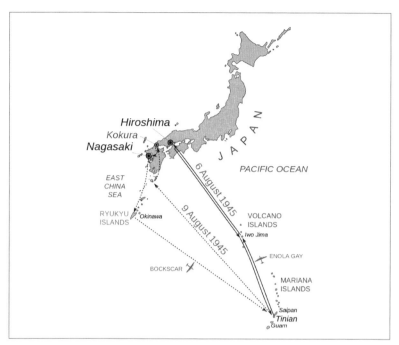

핵폭탄 투하 당시 B-29의 비행 경로

B-29가 일본을 향해 비행하고 있던 그 시각, 일본은 레이더를 통해 미국 전투기가 날아오고 있다는 사실을 감지했다. 히로시마를 포함해 많은 도시에 라디오 방송으로 공습경보가 울렸다. 그러나 일본은 전투기의 숫자가 몇 안 된다는 것을 파악하고 공습경보를 해제했다고 한다. 물론 공습경보가 유지됐다고 해도 결과는 크게 달라지지 않았을 것이다. 핵무기의 파괴력은 기존의 무기체계를 염두에 둔 방공호 등의 대피시설로는 막을 수 없을 만큼 강력한 것이니까.

핵폭탄이 투하된 후 도쿄의 전쟁지휘본부는 다양한 경로를 통해 히로시마에 엄청난 폭탄이 투하됐다는 소식을 접했다. 히로시마 군지휘부와 연락을 시도하지만 답변이 오지 않자 비행기를 보내 피해를 조사하고 도쿄에 보고할 것을 지시했다. 그때까지만 해도 일본의 지휘본부는 큰일은 아닐 것이라고 판단하고 있었다. 고작 세 대의 비행기로 그렇게 큰 폭발을 일으킬 리 없다고 생각했을 것이다.

제2차 세계대전이 끝난 이후 과학기술은 눈부시게 발달하고 핵탄두의 운반기술 역시 빠른 속도로 진화했다. 1960년대 이후 폭격기가 핵탄두를 싣고 가서 투하하는 원시적 방식 대신 자국 본토에서 혹은 잠수함에서 혹은 폭격기에서 발사하는 현대적 방식이 정착됐다. 이때부터 미국은 세 개의 운반체를 '핵전력의 3대 축'이라 부르며 군사전략적 가치를 부여하기 시작했다.

현대 국제정치에서는 이들 '핵전력의 3대 축'을 보유한 국가가 강대국으로 인정받는다. 유엔 안전보장이사회 상임이사국 5개 나라가 바로 '3대 축'을 보유한 국가다. 그러나 5개 상임이사국이 모두 동등하지는 않다. 영국과 프랑스는 대륙간탄도미사일(ICBM)이 없고 잠수함발사미사일(SLBM)만 보유하고 있다. 전략폭격기의 경우, 영국은 냉전 시대에 100여 대를 보유하고 있었으나 냉전의 해체와 함께 사실상 폐기했다. 프랑스는 전략폭격기를 운용하고 있지만 상징적 수준이다. 따라서 사실상 '핵전력의 3대 축'을 모두 보유한 국가는 미국과 러시아 그리고 중국뿐이라고 할 수 있다.

이들 5개 나라 외에도 핵무기 장거리 운반체를 가진 나라들이 있다. 인도와 이스라엘이다. 그러나 이들 나라의 운반체를 전략무기라고 부르기에는 적절하지 않다. 인도가 보유하고 있는 ICBM의 최대 사거리는 8,000킬로미터로 평가된다. 즉, 태평양이나 대서양을 넘지 못하는 '중국용'이라 할 수 있다. 이스라엘의 ICBM 역시 대서양을 넘지 못한다.

언론이 ICBM의 국제정치학적 의미를 간과한 채 기술적 의미로만 분류하고 있어 인식 상에 많은 혼선이 존재한다. 기술적으로 ICBM은 5,000킬로미터 이상의 사거리를 갖는 탄도미사일로 분류된다. 그러나 정치적으로 ICBM은 태평양을 넘어 아시아에서 아메리카 대륙으로 혹은 그 반대 방향으로 핵탄두를 운반할 수 있는 미사일이다. 냉전시대 때 생겨난 ICBM의 국제정치학은 미국과 소련의 군사적 대결을 내포하고 있었다. 영국과 프랑스가 ICBM을 보유하지 않은 이유 역시 태평양 너머 미국이 아닌 유럽 대륙에 존재하는 소련이 문제였기 때문이다. 소련의 위협에 대처하기 위해서는 SLBM과 전략폭격기만으로 충분했다.

따라서 국제정치적으로 ICBM을 보유하고 있는 나라는 미국과 중국 그리고 러시아라고 할 수 있다.

북한 ICBM, 세 번 날다

북한은 2017년 세 차례 ICBM 시험발사를 단행했다. 7월 4일의 1차, 7월 28일의 2차, 11월 29일의 3차가 그것이다.

3차, 화성15형 시험발사가 있고 나서 한미 양국은 "비행시험에는 성

	종 류	발사기관	비행거리	비행시간	최고고도
1차(7월 4일)	화성14형	국방과학원	933km	39분	2,802km
2차(7월 28일)	화성14형	군수공업부	998km	47분	3,734km
3차(11월 29일)	화성15형	군수공업부	950km	53분	4,475km

공한 것으로 평가되며, 정상각도 발사 시 1만 3,000킬로미터 이상 비행이 가능하다"고 밝혔다. 화성15형에 실린 핵탄두가 워싱턴까지 도달할 수 있다고 인정한 것이다. 미국의 미사일 전문가인 루이스 미들버리 국제학연구소 연구원 역시 12월 1일 미국의소리(VOA) 방송과의 인터뷰에서 "미국과 중국, 소련이 보유한 미사일급"이라고 평가했다. 북한이 국제정치적으로 네 번째 ICBM 보유국이 됐음을 한미 국방 당국뿐 아니라 미국 민간 진영의 미사일 전문가도 인정한 것이다.

북한이 ICBM을 보유하게 됨으로써 북미 관계는 과거와는 완전히 다른 차원으로 전개됐다. 과거에는 미국이 일방적으로 위협하고, 북한이 일방적으로 위협을 받았다. 노동미사일로 알려진 북한의 중거리 미사일이 주일미군 기지까지 공격할 수 있었지만 미 본토를 위협할 수준은 아니었다. 그런데 북미 군사 대결의 판도가 바뀌었다. 설령 그것이 엄포에 그칠 수도 있고, 감행할 경우 '자살행위'가 될 것이라는 분석과는 무관하게, 현실적으로 북한은 미 본토를 공격할 수 있는 무기체계를 구축한 것이다.

북한이 첫 번째 ICBM을 발사한 뒤 미국의 폴 셀바 합참차장은 7월

18일 미 상원 군사위원회 청문회에 참석해 북한의 미사일이 "미 본토 일부에 도달할 수는 있으나 정확성은 떨어진다"고 말했다. 미 본토의 일부란 하와이와 캘리포니아 주 일대를 지칭하는 것으로 보인다.

미 합참차장은 북한의 미 본토 공격능력이 떨어진다는 것을 강조하고 싶었던 것 같다. 그럼에도 미국의 움직임은 긴박했다. 2017년 12월 1일 하와이 주정부는 핵공격 대피 훈련을 실시했다. 주민대피 훈련은 냉전이 해체된 이후 30년 만에 처음이다. 주정부 관계자에 따르면 대피 사이렌이 울리면 15분 안에 주민들은 해당 대피소로 들어가야 하며 라디오 방송에 귀를 기울여야 한다. 하와이 주정부는 매달 1일 정기적으로 훈련을 실시할 계획이라고 밝혔다. 괌과 캘리포니아 주에서도 핵공격을 받을 경우 행동요령을 담은 팸플릿을 배포하고 방사능 물질 위험성에 관한 자료를 배포하기도 했다. 현재와 같은 북미 군사적 대치 상황이 지속된다면 하와이나 괌, 캘리포니아와 같은 사례가 미국 전역으로 확대될 것이다.

ICBM을 보유하고 있는 국가들 즉 미국과 러시아 그리고 중국 사이에는 '공포의 균형'이라는 것이 존재한다. 즉 자신의 본토를 향하는 상대방의 ICBM 공격을 그만큼 위협으로 간주한다는 것이고, 그와 같은 '공포의 균형'이 ICBM을 보유한 강대국들 사이의 전쟁을 억지하고 있다는 논리다.

북한은 미국의 군사연습이 있을 때마다 대피하는 훈련을 실시해왔다. 미국의 군사공격에 대한 '공포'를 느껴왔던 거다. 그러나 미국은 전혀 그렇지 않았다. 북한이 ICBM을 개발하기 전까지는.

그런데 이제 미국도 공포를 느끼기 시작했다. 북미 사이에도 '공포의 균형'이 형성되기 시작한 셈이다. '일방적 공포'의 시대에서 '쌍방향적 공포'의 시대로 북미 군사관계의 성격이 변했다.

화성15형 발사 직후 미국의 미사일 전문가 데이비드 라이트는 "이번 실험을 통해 북한이 비록 적은 중량의 탄두라 하더라도 미국 전역에 닿을 수 있는 미사일을 갖고 있다는 걸 알게 됐다"면서 "북한은 미사일 개발에 있어 확실하게 '프로 무대'에 들어섰다"라고 평가했다.

'프로 무대'란 ICBM 무대를 말한다. 뉴욕타임스 역시 2018년 2월 유사한 평가를 내렸다. 지금까지는 러시아, 미국, 중국, 영국, 프랑스 5개국만이 지구상의 어느 곳이든 타격할 수 있는 능력을 갖고 있었지만 북한은 '어쩌면'(probably) 미국을 타격할 수 있을지도 모를 미사일 능력을 확보했다는 것이다.

농담에서 심각한 문제로: SLBM에서 ICBM까지

북한은 언제부터 미 본토를 타격할 수 있는 미사일 개발에 착수했던 것일까? 그리고 이 같은 사실을 미국은 알고 있었던 것일까 아니면 모르고 있었던 것일까?

2016년 8월 24일 북한은 잠수함발사미사일(SLBM) 시험발사에 성공했다. 이 소식을 들은 미국의 한 고위 당국자는 "북한의 SLBM 능력은 농담(joke)에서 대단히 심각한 문제(something very serious)로 발전했다"면서 우려를 표명했다. 미국 당국자가 놀라움을 표시할 만한 이유가 있다.

북한은 2015년부터 SLBM 개발을 본격화했다. SLBM의 관건은 물속에 있는 잠수함에서 고압증기로 미사일을 수면 위로 띄워올린 후 점화시켜 발사하는 콜드 론칭(cold launching) 기술이다. 콜드 론칭 능력을 테스트하는 것을 사출 시험이라고 하는데, 북한은 2015년부터 이같은 시험을 실시해왔다. 2016년에도 3월에 지상 사출시험을 그리고 4월에는 수중 사출시험을 실시했다. 그리고 8월에 고각으로 발사된 북한의 SLBM은 500킬로미터를 날아 일본방공식별구역 안쪽 80킬로미터 해상에 떨어졌다. 만약 정상각도로 발사됐다면 짧게는 1,000킬로미터 이상 길게는 2,000킬로미터 이상의 비행능력을 보유한 것이다. 1단과 2단 분리도 성공적으로 이루어졌다고 한다.

2013년 북한은 핵무력과 경제건설을 동시에 추진하는 핵-경제 병진노선을 채택했고, 핵무기의 소형화, 경량화를 추진하는 한편 다양한 미사일을 개발하겠다고 공언했다. 2014년 6월 김정은 위원장은 조선인민군 해군 제167군부를 시찰하면서 잠수함에 승선한 바 있다. 북한군의 최고사령관이 잠수함 부대를 방문하고, 그 사진을 공개한 것은 SLBM을 개발하겠다는 의사의 표현이라고 할 수 있다.

그러나 미국은 이 같은 움직임을 '농담'으로 치부해왔다. 2016년 4월 수중 사출시험이 다시 성공하자 그때서야 '심각한 문제'로 인식하기 시작했다. 미국의 무지가 아닐 수 없다.

ICBM에 대해서는 더 둔감했다. 북한의 ICBM 개발은 1998년으로 거슬러 올라간다. 그해 8월 31일 북한은 첫 인공위성인 광명성 1호를

쏘아 올렸다. 이때 인공위성 발사가 성공했냐 실패했냐는 여전히 논란 거리다. 성공과 실패를 가르는 기준도 인공위성을 정상 궤도에 올려놓 았는가, 인공위성이 정상적으로 작동했는가 등 다양하게 나뉜다.

그러나 북한이 인공위성을 발사체에 올려 쏘았다는 사실, 그 로켓 이 일본 상공을 지나 상승했다는 사실은 누구도 부인할 수 없다. 1998년 북한은 장거리 로켓 기술을 개발하겠다는 최소한의 의지와 기술적 능 력을 갖고 있었다고 볼 수 있다.

북한이 ICBM 개발을 본격화한 것은 2013년부터다. '경제-핵 병 진노선'을 채택한 이후부터다. 아래 표를 보면 시간이 지날수록 단거 리 미사일보다는 중거리와 장거리 미사일에 집중하고 있음을 확인할 수 있다.

	2013	2014	2015	2016	2017
단거리(SRBM)	8	16	11	2	3
중거리(MRBM or IRBM)	-	2	-	10	8
장거리(ICBM)	-	-	-	-	3
잠수함발사미사일(SLBM)	-	-	3	3	-

한미 양국이 북한의 미사일 기술을 평가절하하고 있는 사이에 북 한은 미사일의 '프로 무대'에 오르기 위해 상당한 노력을 기울였던 것 이다.

ICBM은 세 가지를 구비해야 완성됐다고 볼 수 있다. 첫째, 탄두의 소형화, 경량화다. 탄두가 가벼워야 더 멀리 보낼 수 있다. 둘째, 탄두의 대기권 재진입 기술이다. 재진입 과정에서 탄두가 받게 될 고온과 고압을 견뎌내야 무기로서의 성능을 유지할 수 있다. 셋째, 비행거리다. 즉 태평양을 가로지르고 더 나아가 아메리카 대륙을 가로질러 비행할 수 있는 장거리 비행능력을 갖추어야 한다.

그런 점에서 2016년 3월과 4월은 북한의 ICBM 개발에서 기술적 전환이 일어난 시기였다. 2016년 3월 9일 북한은 소형화되고 경량화

3월 15일 실시한 '탄도로켓 대기권 재돌입 환경 모의시험' 사진.(출처: 노동신문)
북한은 재진입을 재돌입이라고 표현한다.

된 핵탄두를 공개했다. "탄도 로켓에 맞게 표준화, 규격화를 실현했다"는 표현도 등장한다. 그리고 3월 15일 재진입 기술 확보를 위한 모의시험에 성공했다고 발표하고, "빠른 시일 안에 핵탄두 폭발시험과 핵탄두 장착이 가능한 여러 종류의 탄도로켓 시험발사를 단행할 것"이라고 밝혔다.

북한은 여기에 그치지 않고 3월 24일과 4월 8일 두 차례에 걸쳐 대출력 엔진시험을 실시했다. 대출력 엔진시험은 로켓 엔진의 힘과 성능을 확인하는 것으로, 장거리 비행능력을 키우는 시험이다. 이 시험을 참관한 김정은 위원장은 "핵공격 수단들의 다종화, 다양화를 보다 높은 수준에서 실현하여 핵에는 핵으로 단호히 맞서야 한다"라고 강조했다.

이런 과정을 통해 북한은 ICBM의 3대 요건인 탄두의 소형화와 경량화, 재진입 기술, 장거리 비행능력을 개선해왔다. 그리고 6월 23일 북한은 중장거리 미사일인 화성10형을 고각으로 시험발사하고, 최대 고도 1,413.6킬로미터에 대기권 재진입 능력도 검증됐다고 발표했다. 즉 3월 15일 모의시험했던 재진입 기술이 실제 환경에서도 아무런 문제가 없음을 확인한 것이다.

미 국방부 역시 이 같은 사실을 확인해 주었다. 6월 27일 미 국방부 대변인은 출입기자들과의 간담회에서 "북한이 쏜 미사일이 우주공간에 들어갔다가 (대기권에) 재진입해 약 400킬로미터 떨어진 동해상에 떨어졌다"라고 밝혔다.

이로써 북한은 ICBM을 발사할 수 있는 기술적 준비를 2016년에 마쳤다. 2017년 1월 1일 신년사에서 김정은 위원장은 "대륙간탄도로케트 시험발사 준비사업이 마감단계"라고 밝히고, 1월 8일 외무성 대변인이 "우리의 최고 수뇌부가 결심하는 임의의 시각, 임의의 장소에서 발사되게 될 것"이라고 밝힌 바 있다. 2017년 7월과 11월 세 차례의 ICBM 발사를 통해 북한의 공언은 현실화되었다.

미국은 SLBM 개발도, ICBM 개발도 대수롭지 않게 생각했지만 2016년을 즈음하여 비로소 '심각한 상황'임을 인지하게 됐다. 그러나 오바마 정부가 이 문제에 접근하기에는 '전략적 인내' 즉 북한 무시 정책의 관성이 너무 컸다. 미 본토를 타격할 수 있는 ICBM을 개발한 북한을 어떻게 처리할 것인가 하는 것은 전적으로 미국의 새로운 대통령 트럼프의 몫이 됐다.

2. 미국 '본토'가 위협받다

미 본토 안전이라는 화두

2017년 12월 18일 트럼프 대통령은 자신의 국가안보전략(National Security Strategy: NSS)을 발표했다. 1987년 만들어진 '골드워터-니콜라스법'(Goldwater-Nichols Act)에 의해 미국 대통령은 2년에 한 번꼴로 NSS를 작성하여 미의회에 보고해 왔다.

미 국무부나 미 국방부가 작성하는 외교안보보고서도 많지만, NSS는 행정부의 수반인 대통령의 이름으로 작성하여 입법부에 보고한다는 점에서 미국 정부의 가장 권위있고 규정력이 강한 안보전략 보고서라 할 수 있다.

그런데 트럼프가 제출한 국가안보전략은 이전의 것과는 많은 차이가 있다. 그 목차를 2015년 오바마가 제출했던 보고서와 비교해보면 다음과 같다.

2015년 오바마의 NSS 목차	2017년 트럼프의 NSS 목차
• Introduction • Security • Prosperity • Values • International Order • Conclusion	• Introduction • Protect the American People, the Homeland, and the American Way of Life • Promote American Prosperity • Preserve Peace through Strength • Advance American Influence • The Strategy in a Regional Context • Conclusion

트럼프의 국가안보전략은 'America'를 유독 강조한다. 트럼프의 대선 캐치프레이즈는 'America First'였다. 혹자들은 'America First'를 보호무역의 관점으로만 접근한다. 그러나 'America First'는 국가안보의 관점에서 접근해야 그 의미가 분명해진다.

냉전 해체기에 미국의 국가안보전략은 조금씩 변했다. 소련의 붕괴가 본격화된 1990년, 미국은 냉전 시기 대소련 정책의 상징적 용어였던 '봉쇄'(containment) 전략에서의 탈피를 모색한다. 이 같은 과정은 국가안보전략(NSS) 보고서에 잘 나타난다. 1991년까지 NSS에서 가장 중요하게 다뤘던 것은 "소련의 위협으로부터 자국의 생존을 지키는 것"이었다. 하지만 소련의 붕괴 이후 처음 나온 1993년의 NSS(1993년 1월 발간)에서부터는 '러시아의 위협'이 언급되지 않는다. 러시아가 소련의 국제적 지위를 계승했지만 구소련만큼 위협적이지는 않았다. 그래서 1993년 NSS는 자신있게 선언한다.

> 40년 만에 처음으로 미국은 제3차 세계대전의 끊임없는 위협에 더 이상 직면하지 않게 됐다. 민주주의는 전 세계 대다수 국가에 의해 수용됐고, 과거의 적들은 이제 미국의 파트너가 됐다.(1993년 NSS, 2페이지)

'3차 세계대전'은 미국 본토가 공격받는 상황을 의미한다. 따라서 3차 세계대전의 종식이란 미국의 본토가 공격받을 가능성이 사라졌음을 의미한다. 이제 미국은 국제 안보 환경을 안정적으로 관리할 수 있게 됐다. '소련의 위협' 대신 '지역의 불안정성'(regional instabilities)이라는 개념이 자리잡게 된 이유이다.

특히 유럽과 아시아 지역을 안정적으로 관리하여 소련처럼 미국의 본토를 위협할 수 있는 국가가 출현하는 것을 막고, 미국의 정치적·경제적 이익을 해칠 수 있는 지역 분쟁의 발생 가능성을 차단하겠다는 것이다. 미국이 핵과 미사일 등 대량살상무기의 확산 방지에 초점을 맞추는 안보전략을 구사한 것도 이때부터다. 미국 중심의 '민주적 국제질서'에 편입되어 있지 않은 불량국가들이 핵무기 등 대량살상무기를 보유하는 것은 국제질서의 불확실성을 증대시키고 국제 안정을 파괴할 수 있다는 논리였다.

그러나 미 본토가 공격받을 가능성이 사라졌다는 미국의 환상이 깨지는 데는 10년이 채 걸리지 않았다. '9.11 사건'에 대해서는 여전히 조작설과 음모론이 제기되고 있다. 미국 정부가 테러 정보를 사전에 입수했음에도 이를 방관했다는 의혹도 있다. 여기서는 '9.11 사건의 진실'은 언급하지 않겠다. 진실이 무엇이건 간에, '9.11 사건'의 국제정치적 의미는 변하지 않는다. 냉전 해체 이후 미국이 본토 방위의 중요성을 다시 깨닫게 되는 계기가 됐고, 그 이후 나온 미국의 NSS 보고서는 다시 미 본토 방어로 무게중심을 이동시켰다.

> 새롭게 통합된 군사령부와 근본적으로 재편된 FBI가 포함되고, 신설된 본토안보부가 중심이 되어 추진될 미 본토 수호 계획은 정부의 모든 부처는 말할 것도 없고, 공공부문과 사적부문의 협력까지 포괄할 것이다.(2002 NSS, 6쪽)

본토안보부(Department of Homeland Security)는 2002년 NSS가 발표되고 2개월 후에 공식 출범한 미 연방정부의 부처다. 우리나라에서는 보통 '국토안전부', '국가안전부' 등으로 번역되어 소개되는데, 'security'는 '안전'보다는 '안보'로, 'homeland' 역시 '국토'보다는 '본토'로 표기해야 그 의미가 명확해진다. 본토안보부는 '미국 내에서의 테러 방지', '테러 공격에 대한 미국의 취약성 극복', '테러 발생 시 피해 최소화와 회복 촉진'이라는 세 가지 목표를 위해 조직됐다.

'9.11 사건'은 미국 정보기관의 변화도 가져왔다. '9.11 사건' 후 미 의회는 사건의 진상을 규명하고 재발 대책을 강구하기 위해 '9.11위원회'를 구성했다. '9.11위원회'는 미국의 정보기관들이 모두 테러 정보를 파악하는 데 실패했다면서 정보기관들의 개혁과 그들을 통솔할 수 있는 권한을 가진 기구의 설치를 제안했다. 미국 정부는 우리에게 익숙한 CIA, FBI 외에도 국방부 산하 국방정보국(Defense Intelligence Agency: DIA) 등 16개의 정보기관을 갖고 있다. 그 전까지 CIA 국장이 이들을 통솔하는 역할을 해왔는데, 그것으로는 테러 정보를 정확하게 파악하기 힘들다고 판단한 것이다. 그래서 새롭게 만들어진 정보기구가 국가정보국(Director of National Intelligence: DNI)이다.

본토안보부와 국가정보국의 신설은 미 본토를 안전하게 지키고자 하는 미국 정부의 의사가 표현된 것이라고 할 수 있다. 따라서 '9.11 사건'은 냉전의 해체와 함께 테이블 위에서 사라졌던 '미 본토 안전'이라는 화두를 다시 꺼내 들게 하는 역사적인 사건이었다. 미 본토에 대한 위협은 더 이상 가상의, 잠재적 혹은 미래의 일이 아니라 지금 당장 처리해야 하는 현실의 문제가 됐다.

ICBM을 가진 '불량국가'의 출현

이때까지만 하더라도 미 본토의 안전을 위협하는 것은 국가적 실체를 갖지 않는 테러단체였다. 이들 테러단체들은 정규군이라기보다는 유격대라고 할 수 있다. 테러단체가 핵무기와 미사일을 보유하지 말라는 법은 없지만 일반적으로 테러는 폭탄을 이용하거나 '9.11 사건'에서 보듯이 비행기 등과 같은 교통수단으로 건물을 들이받는 형태를 띤다. 따라서 정규군의 '공격'과 달리 단발성을 특징으로 한다. 물론 단발성이라 해서 덜 파괴적이지는 않다. 다만, 정규군에 의한 군사 공격과 테러단체의 테러는 그 속성상 구분돼야 한다.

냉전 해체 이후 정규군 즉 국가에 의한 미 본토 위협에 대한 우려가 없었던 것은 아니다. 1996년 NSS에 그 같은 우려가 담겨 있다.

> 미국의 정보기관은 가까운 시일 안에 미 본토를 위협할 수 있는 대륙간 탄도미사일을 보유한 불량국가가 출현할 것이라고 생각하지는 않는다. 그러나 미국은 그와 같은 위협이 예상보다 빠르게 현실화될 수 있다는 전제 하에 미사일 방어체계를 가능하면 빨리 배치할 수 있도록 개발 중에 있다.(1996년 NSS, 21쪽)

'미 본토를 위협할 수 있는 대륙간탄도미사일을 보유한 불량국가'라는 대목이 눈에 띤다. 이것이 바로 테러와 구별되는 '정규군에 의한 미 본토 위협'이다. 이때만 하더라도 미국은 이런 위협을 '먼 미래'의 일로 설정했다. 그런데 2017년 북한의 ICBM 개발 성공은 '먼 미래'가 '눈앞에 닥친 현실'이라는 것을 미국에게 일깨워주었다.

2016년까지 북한의 탄도미사일 기술은 상당히 저평가되어 있었다. 북한이 미사일을 시험할 때마다 미국을 중심으로 하는 국제사회는 '실패'라고 판정했다. 그러나 2017년 2월과 3월에 연이어서 실시된 북한의 미사일 발사 시험 이후 평가의 전환이 이루어졌다. 2017년 2월

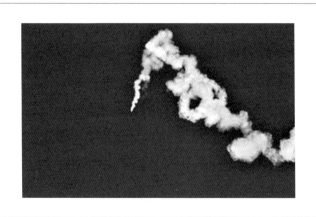

북극성 2형 미사일. 미사일의 이동경로가 급격하게 바뀐다. (사진 출처: 노동신문)

12일 북한이 북극성 2형 시험발사에 '성공'했기 때문이다. 북극성 2형은 잠수함발사미사일(SLBM)인 북극성 1형을 개조한 것이다.

어느 허허벌판으로 북극성 2형을 실은 무한궤도형 이동식 발사차량이 들어오고 발사대가 세워진다. 카운트다운이 0을 알리자 발사대를 벗어난 미사일이 공중에 잠시 머무른다. 그리고 이내 미사일 하단에서 불꽃이 일어나고 하늘을 향해 비행을 시작한다.

카메라는 하늘로 올라가는 미사일을 계속 추적한다. 고도가 높아질수록 미사일의 크기는 작아지고 보이지 않는다. 미사일의 경로는 육안으로는 확인할 수 없고, 고체 연료 미사일의 특징이라고 할 수 있는 하얀 연기를 통해서만 확인할 수 있다. 그런데 미사일이 비행한 지 1분쯤 지나 하얀 연기가 거의 90도 가까이 꺾이는 것이 목격된다. 이는 곧 이동경로가 급격하게 바뀌었다는 것을 의미한다.

3월 6일 북한은 다른 종류의 미사일을 시험발사했다.

허허벌판(2월 12일의 그 장소는 아니다)에 네 대의 미사일이 일정한 간격을 두고 세워져 있다. 하나의 미사일이 화염을 뿜으며 발사된 뒤 1, 2초 간격으로 나머지 세 대의 미사일이 '거의 동시에' 발사된다.

네 대의 미사일이 동시 발사되는 광경을 목격한 미국의 한 미사일 전문가는 "한 지점서 동시 발사됐을 때 각각의 미사일을 구분하는 것은 어렵다"면서 고고도미사일방어체계인 '사드'로 요격하는 것이 쉽지 않다는 입장을 피력했다.

당시 대부분의 미국 언론들도 비슷한 평가를 내놓았다. 워싱턴포스트는 3월 6일 기사에서 "사드는 동시에 발사되는 네 대의 미사일을 인터셉트하기 힘들다"라고 적었다. 뉴욕타임스 3월 7일 기사는 더욱 적나라하다. 북한은 최근 몇 달 동안 다양한 미사일 발사를 통해 미국이 추진하고 있는 MD를 무력화시킬 수 있다는 메시지를 보내고 있다고 분석하면서, "거의 동시에 발사되는 미사일을 전에는 본 적이 없다"라는 펜타곤의 미사일방어국 부국장의 발언을 인용한다.

결정적인 것은 워싱턴포스트의 3월 11일 기사다. 이 기사는 북한 미사일이 "더욱 정교해졌고" "고체 연료를 사용"할 정도라고 평가했다. 그리고 10년 넘게 미국 사회를 지배해왔던 신념 즉 북한의 핵과 미사일 수준이 조악하고 미국에 위협이 되지 않는다는 평가는 더 이상 신뢰성을 상실했다고 꼬집었다. 더 나아가 이 기사는 미국 관리들이 북한의 위협이 빠르게 증가하고 있으며, 관심을 끌기 위해 도발하는 것이 아니라는 생각을 하기 시작했다고 지적했다. 아울러 오바마는 퇴

임하면서 트럼프에게 미국의 새로운 정부가 직면한 가장 심각한 도전은 북한의 핵과 미사일이라고 강조했고, 트럼프가 취임한 직후 북한 문제를 의제로 세 차례의 차관급 위원회 회의를 개최한 사실까지 보도했다.

그 이후 미국 언론과 미국 관리들 사이에서 북한의 핵과 미사일 문제를 언급할 때 단골 메뉴처럼 등장하는 것이 '미 본토'(homeland)라는 단어였다.

본토 방어 강조한 2017년 대북합동성명

2017년 4월 26일, 미국 정부의 외교안보 3대 주무 부처라 할 수 있는 국무부와 국방부 그리고 국가정보국의 수장이 '대북합동성명'을 발표했다. 골자는 '북한의 핵무기 추구'가 국가안보의 긴급한 위협이자 미국 외교정책의 최우선순위라는 것이었다. '우리의 동맹국과 미국 본토에 대한 위협'이 증대되었기 때문이다. 주목해야 할 것은 '미 본토에 대한 위협'이다. 북한의 군사력이 미국의 동맹국인 한국과 일본을 위협한 것은 이미 오래된 사실이다. 따라서 위 대목의 핵심은 '북한의 핵무기 추구가 미국 본토를 위협하고 있다'라는 것이다. 성명은 마지막 대목에서 "우리 자신과 동맹국들을 방어할 준비가 돼 있다"면서 미 본토 방어를 다시 강조한다.

트럼프 정부의 대북정책 합동성명 전문

북한의 불법 무기 프로그램과 핵·탄도미사일 시험발사를 중단시키기 위한 과거의 노력은 실패했다.

북한은 도발을 일삼으면서 동북아의 안정을 위협하고 우리의 우방과 미국에 대한 위협을 증대시키고 있다. 북한의 핵무기 추구는 긴급한 국가안보 위협과 최고의 외교정책의 우선순위다.

도널드 트럼프 대통령은 취임 직후 미국의 조선민주주의인민공화국(DPRK) 정책에 대해 철저히 검토할 것을 지시했다. 우리는 오늘 조지프 던퍼드 합참의장과 함께 의회 의원들에게 검토(결과)를 브리핑했다. 트럼프 대통령의 접근은 경제제재를 강화하고 우리 동맹 및 역내 파트너들과의 외교적 조치를 추구함으로써 북한이 핵·탄도미사일 그리고 핵확산 프로그램을 해체하도록 압력을 가하는 것을 목표로 하고 있다.

우리는 북한 정권이 긴장을 완화하고 대화의 길로 되돌아가도록 하기 위해 책임 있는 국제사회가 북한에 대한 압박을 증대하도록 관여하겠다.

우리는 역내의 안정과 번영을 보전하기 위해 우리의 동맹, 특히 한국, 일본과 긴밀한 협조 및 협력을 유지할 것이다.

미국은 한반도의 안정과 평화로운 비핵화를 추구한다. 우리는 그 목표를 향해 협상의 문을 열어두겠다. 그러나 우리는 우리 자신과 동맹을 방어할 준비가 돼 있다.

2017년 12월 트럼프 정부 출범 이후 처음으로 발표한 국가안보전략 보고서에도 "북한은 미국 본토를 공격할 수 있는 핵무기와 미사일 능력을 추구함으로써 미국의 안보를 위태롭게 한다"라고 적었다. 미국의 관심이 '동맹국의 안보'에서 최소한 '동맹국과 미국의 안보'를 동등하게 놓거나 혹은 나아가 '동맹국보다 미국의 안보'를 더 우선하고 있다는 것을 확인할 수 있다.

북한이 핵탄두를 완성하고 핵탄두를 미 본토로 이동시킬 수 있는 ICBM을 개발함으로써 미국 안보정책의 우선순위는 본토 방어로 이동되었다고 해도 과언이 아니다. 물론 동맹국을 고려해야 하는 미국 외교정책의 맥락상 그 같은 우선순위의 변화는 표면적으로 드러나지는 않는다. 외교적으로는 '본토와 동맹국의 안보'를 동등하게 강조할 것이다.

북한의 핵과 미사일에 좀 더 합리적으로 천착했던 미국의 전문가들은 이미 4년 전에 그 같은 우려를 내비친 바 있다. 하지만 오바마 정부는 그런 의견을 묵살했다. 그 대표적인 사례가 2013년 때다. 2013년 3월과 4월 북한과 미국은 사실상 '도상전쟁'(圖上戰爭)을 벌였다. 미국의 최첨단 무기들이 연일 한반도에 전개됐고, 북한은 '미 본토타격계획 도면'을 공개했다. 그 시점에 미국의 대표적인 외교안보 전문지인 포린 폴리시(Foreign Policy)에 제임스 루이스(James Lewis)가 작성한 'The Map of Death'라는 글이 게재됐다. 그는 북한이 '전략로켓군사령부'를 신설한 이후 자국의 미사일이 미국을 표적으로 한다는 사실을 빈번하게 강조하고 있다는 사실에 주목했다. 김정일 위원장의 지시로 2008년 창설됐다고 알려진 '전략로켓군사령부'는 2012년 3월 김정은 위원장이 현지 시찰한 이후 외부에 공개됐다. 그리고 2014년 이 부대의 사령관인 김락겸을 중장에서 상장으로 승진시키고 '전략군'으로 개편하면서 부대의 급 역시 승격된 것으로 알려져 있다.

제임스 루이스는 미국의 수도인 워싱턴, 미 태평양사령부가 있는 하와이 그리고 미국 태평양함대사령부와 반덴버그 공군기지 등이 있는 남캘리포니아가 북한 전략 로켓의 주된 타깃이 될 것이라고 전망했다. 물론 저자는 "북한이 현재 미 본토에 핵무기를 투하할 능력을 갖고 있지는 않다"면서 북한의 미 본토 공격을 눈앞의 현실로 보지는 않았다. 다만 북한이 그런 능력을 보유하기 위해 움직이고 있다고 경고한 것이다.

이 같은 경고를 오바마 정부는 무시했다. 무시의 결말은 충격적이었다. 1996년 국가안보전략 보고서가 우려한 대로 "대륙간탄도미사일을 보유한 불량국가"가 출현했다. 북한의 국가핵무력 건설 막바지 과정에 진입해 있던 2017년 11월 21일 트럼프 정부는 북한을 '테러지원국'으로 재지정했다. 이로써 북한은 다시 '불량국가'가 됐다. 그러나 불량국가 명단에서 삭제됐던 2008년과 지금의 북한은 완전히 다른 국가다. 2008년에는 '미 본토 공격능력이 없는 불량국가'였지만 지금은 '미 본토 공격능력을 가진 불량국가'가 됐다.

미 본토 공격능력을 가진 중국과 러시아는 불량국가가 아니다. 비록 미국과 전략적 경쟁을 벌이고 있지만 그들은 유엔안보리 상임이사국이고, 국제법적 규범을 파괴하지는 않는다. 그러나 미국에게 있어서 북한은 국제법적 규범을 준수하지 않는 국가다. 러시아 못지않게, 어쩌면 중국과 러시아보다 더 우려스러운 '파괴적 공격 행위자'가 북한이다.

북한의 능력이 변했다면 미국의 대응도 변해야 한다. 지난 시기 북한의 위협은 한국과 일본에 국한되었다. 그러나 지금은 미 본토에 위협이 되고 있다. 트럼프 정부 들어 공식 성명에서 '미 본토'가 강조되는 이유다. 이렇게 미국은 '미 본토 우선주의'로 선회했다.

3. 한국의 딜레마가 시작됐다

선택의 기로: 협상인가 선제공격인가

본론에 들어가기 전에, 북핵 '인정'과 북핵 '용인'이라는 용어부터 정리할 필요가 있다. 인정과 용인이란 단어가 혼란스럽게 쓰이고 있기 때문이다. 북핵 인정(acknowledgement)은 북한이 핵무기를 보유한 현실을 받아들이는 것이다. 북한이 여섯 차례 핵시험을 하고, 대륙간탄도미사일(ICBM)까지 성공했다는 현실은 그 누구도 부인하지 못한다. 그런데 용인은 인정과 다르다. 북핵 용인(acceptance)은 북한을 '핵보유국'으로 받아들이는 것이다.

북한이 핵무기와 미사일을 보유하고 있다는 것은 객관적 사실이다. 한국 내에서 북한의 핵위협에 맞서 전술핵무기를 배치하자는 주장이 나오는 것은 북핵이 인정되고 있다는 반증이다. 그러나 북한을 핵무기 보유국으로 받아들이는 것은 개별 국가 혹은 국제사회의 의지의 영역이다. 존재를 인정받는다고 해서 그 존재가 사회적으로, 법적으로 받아들여지는 것은 아니다. 비근한 예로, 한국 사회에는 동성애자들이 존재하며 동성결혼을 하는 경우도 있지만 그들의 혼인신고는 접수되지 않는다. 객관적으로 존재하지만 한국 사회의 관습, 헌법 그리고 법률로 인해 받아들여지지 않고 있는 것이다.

트럼프는 북핵을 용인하기 어렵다. 북한을 핵보유국으로 받아들인다면 그에 맞게 대우해야 한다. 그럴 경우 1990년대 이후 진행됐던 비핵화 논의는 핵군축회담으로 전환된다. 그동안 유엔안전보장이사회 차원에서, 사실상 미국의 주도로 진행됐던 대북 제재와 적대정책도 모두 폐기해야 한다. 한국과 일본의 반발 혹은 한국과 일본의 핵무장 요구에 직면할 수도 있다. 유엔안보리 상임이사국만을 공식 핵보유국으로 인정하고 있는 NPT(핵확산금지조약) 역시 전면 개편하고, 북한의 핵위협을 명분으로 추진됐던 동아시아 군사안보 정책도 바뀌어야 한다.

그렇다고 북핵을 폐기시키는 것도 수월치 않다. 북핵 폐기는 두 차원에서 검토가 가능하다. 첫째, 외교적 차원 즉 협상이다. 1990년대 북미 양자대화, 2000년대 6자회담이 북핵 폐기를 위한 외교 협상 테이블이었다. 그런데 외교는 상대방이 있는 게임이다. 상대방이 거부하면 성공할 수 없다.

2012년 이후 북한은 비핵화 논의를 거부해왔다. 좀 더 정확하게 표현하자면 '선 비핵화'를 거부해왔다. '북한이 핵을 포기하면'이라는 전제조건이 달린 협상을 더 이상 하지 않겠다는 입장이었다. 따라서 트럼프의 입장에서는 외교적으로 북핵 폐기가 사실상 불가능한 것으로 보였다.

외교적 방법으로 가능하지 않다면 남는 것은 군사적 방법이다. 즉 군사력을 동원하여 북한의 핵공격 능력을 제거하는 것이다. 1994년 미국은 이 같은 군사적 차원의 북핵 폐기를 검토했다가 중단한 바 있다. 문제는 북한이 핵탄두를 미 본토로까지 투하할 수 있는 ICBM을 갖고 있다는 사실이다. 미국의 군사적 조치는 북한의 보복행동을 불러와 미 본토가 북한의 핵공격을 받을 수도 있다.

물론 북미 사이의 절대적 군사력 격차를 감안하면 북한의 보복행동은 '자살행위'일 수 있다. 그런데 북한은 자신의 영토와 영해가 침범당하는 경우 자살행위를 해왔다. 냉전 시기 푸에블로호 사건, EC 정찰기 격추 사건이 그렇다. 군사력의 절대적 격차를 감안하면 북한의 자살행위는 존재하지 않았어야 하고, 실제 자살행위였다면 북한은 지구상에서 이미 사라졌어야 했다. 그러나 북한은 지금도 건재하며, 핵무기와 ICBM까지 보유할 정도로 군사력을 증강시켰다. 미국이 군사적 조치를 취할 수 있는 조건은 1994년 때보다 몇 배 더 까다로워졌다는 것은 분명하다.

트럼프 집권 이후인 2017년에 미국 내에서 '선제공격이냐 협상이냐' 하는 문제가 대두됐던 이유가 바로 여기에 있다. 협상론의 핵심은 장거리 미사일까지 갖고 있는 북한을 공격하면 북한의 보복공격으로 미국이 위태로워진다는 것이다. 선제공격론은 북한은 핵을 포기할 의사가 없기 때문에 협상은 불가능하며 선제공격으로 북한의 핵과 미사일을 파괴해야 한다는 것을 요지로 한다.

트럼프의 딜레마는 정확하게 이 지점에 서 있었다. 협상을 하려면 북한이 원하는 조건을 충족시켜야 한다. 그러나 트럼프는 그럴 생각이 없었다. 2017년까지는 그랬다.

그렇다고 방치할 수는 없는 노릇이다. 이미 북핵과 ICBM 개발을 사실상 방치했던 오바마 정부의 '전략적 인내정책'은 더 이상 추진하지 않겠다고 공언했다. 그렇다면 남는 수단은 군사적 행동이다. 북한이 보복능력을 갖고 있는 조건에서 북한의 핵과 미사일을 '안전하게' 파괴하는 방법은 '기습이나 선제공격'밖에 없다.

그런데 문제가 있다. 미국의 정보 당국은 북한의 핵과 미사일에 대한 정보가 사실상 전무하다. 몇 개의 핵무기가 어디에 놓여 있는지, 각기 다양한 사정거리를 갖는 수많은 미사일이 어디에 배치되어 있는지 알 수 없다. 게다가 북한 미사일의 상당수는 이동식 발사대에 놓여 있다. 고체 연료 미사일까지 개발하여 북한의 군사적 반응속도는 훨씬 빨라졌다. MD 체계를 가동한다 하더라도, 만에 하나 미국의 기습공격이 100% 성공하지 못해 핵탄두를 장착한 한두 발의 ICBM이라도 미국을 향해 발사된다면 그리고 미국이 '자랑하는' 요격미사일이 격추시키지 못한다면 미국은 재앙적 상황에 놓이게 된다.

결국 트럼프가 할 수 있는 일이라고는 '최대의 압박'이라는, 사실상 오바마 정책을 따라 하는 수밖에는 없었다.

2017년 한반도 ICBM 위기

2017년 한반도는 전쟁 위기상황이었다고 해도 과언이 아니다. 습관적으로 '북핵위기'라고 불렀으나, 2017년의 위기는 북핵위기가 아니라 미사일 위기였다. 좀 더 구체적으로 얘기하자면 ICBM 위기였다. 북한은 ICBM 개발에 총력을 기울였다. 미국은 그것을 저지하는 데 올인했다.

2017년 4월의 위기는 실재했다. 미국은 매우 적극적인 태도를 취했다. 미국의 입장에서는 당연하다. 새롭게 출범한 트럼프 정부는 북한의 ICBM 개발을 막아야 하는 절박한 이유가 있었다. 그러나 협상의 가능성은 보이지 않았다. 대북 선제공격을 공공연하게 거론하면서 최첨단 전략자산을 모두 한반도에 전개했다. 대북정책을 발표하는 날 시리아를 폭격한 것은 북한에 보내는 경고 메시지였다.

3월 18일 트럼프는 한 방송과의 인터뷰에서 "미국은 북한과의 핵전쟁을 항상 걱정해야 하며, 무언가를 해야만 하는 상황이 됐다"라고 털어놓았다. '무언가를 해야만 하는 상황'이라면, 미국에게 가장 익숙한 선택은 군사행동이다.

다행히 위험스러운 상황은 넘겼다. 트럼프의 자제력이었건, 북한의 억제력이었건 4월 위기는 무사히 넘어갔다.

그렇다면 2017년의 위기는 4월을 경과하면서 해소됐을까? 4월 위기가 해소되자 일부 전문가들은 5월 평화국면을 이야기하기 시작했다. 북한이 4월 12일 최고인민회의를 열어 '외교위원회'를 부활시킨 것이 그 근거였다. 북한은 1998년 폐지됐던 외교위원회를 부활시켜 5월 이후 적극적인 평화공세를 펼치려 한다는 것이다. 한참 어긋난 진단이었다.

4월 위기가 북한 때문이었다면 그 같은 진단은 일말의 가능성이라도 있다. 그러나 4월 위기는 분명히 '트럼프발'이었다. 따라서 트럼프의 대북정책이 바뀌지 않으면 위기는 다시 고조되게 마련이다. 실제로 8월 초에 접어들면서 위기는 더욱 고조되었다.

8월 8일 북한의 전략군 대변인이 괌 포위 사격을 경고했다. 이틀 뒤에는 전략군사령관이 직접 등장하여 "8월 중순까지 괌도 포위사격 방안을 최종완성"하고 김정은 위원장에게 "보고드리고 발사대기태세에서 명령을 기다릴 것"이라고 밝혔다. 미국의 적대정책 그리고 8월 20일로 예정되어 있는 한미 군사연습에 대한 북한의 군사적 반발이었다. 다행히 8월 14일 전략군사령관으로부터 괌 포위사격 계획을 보고받은 김정은 위원장은 "미국놈들의 행태를 좀 더 지켜볼 것"이라고 하여 한숨 돌리는 상황이 연출됐다.

그러나 8월 20일 한미군사연습이 강행되고 상황은 다시 악화됐다. 8월 22일 조선인민군 판문점대표부 대변인은 "우리의 경고를 무시하고 위험천만한 군사적 도발을 걸어온 이상 백두산 혁명강군의 무자비한 보복과 가차없는 징벌을 면치 못할 것"이라고 밝혔다. 게다가 "방아쇠에 손가락을 걸고 발사대기상태에서 놈들의 일거일동을 예리하게 주시하고 있다"라고 하여 군사적 대응의 수위를 단계적으로 높일 것임을 예고하기도 했다.

이후 북한은 자신의 예고대로 미사일 발사 수위를 단계적으로 높였다. 9월부터 진행된 미사일 발사는 '시험발사'가 아니라 '군사훈련'이었다. 발사 각도 역시 '고각'이 아니라 '정상각'이었다. 8월 26일 북한은 세 발의 단거리미사일을 발사했다. 8월 29일에는 일본 상공을 통과하는 중거리미사일 화성12형을 발사했다. 화성12형은 2,700킬로미터를 비행했으며, 북태평양 해상에 떨어졌다. 이날 발사에 대해 김정은 위원장은 "태평양상에서의 군사작전의 첫걸음이고 침략의 전초기지인 괌도를 견제하기 위한 의미심장한 전주곡"이라고 밝혔다.

9월 15일 북한은 화성12형을 다시 발사했다. 이번엔 이동식 발사대에서 발사됐고, 3,700킬로미터를 비행했기 때문에 거리상으로 괌보다 더 멀리 날아갔다. 8월 29일과 9월 15일에 발사된 화성12형은 괌 포위사격을 검토한 전략군 소속 미사일이다. 그리고 9월 15일 발사된 미사일은 평양에서 괌까지의 거리인 3,356킬로미터를 훌쩍 뛰어넘는 거리였다. 사실상 괌 포위사격을 단행했다고 해도 과언이 아니다.

8월 22일 판문점대표부 대변인 담화 이후 북한은 단거리와 중거리 미사일을 정상각도로 쏘는 실제 군사훈련을 단행했다. 이제 남은 것은 ICBM이다. 7월의 두 차례 ICBM 발사는 시험발사였으며 고각으로 발사되어 실제 사거리를 비행하지 않았다. 8월 22일 이후 북한의 미사일 발사 패턴을 감안하면 앞으로 발사될 ICBM은 정상각으로 발사되어 실제 사거리를 비행하게 될 것이다. 북한은 이렇게 단계적으로 미사일 군사훈련의 수위를 높여갔다.

9월 19일 트럼프가 유엔총회 연설장에 섰다. 거기서 "북한을 완전히 파괴하겠다(totally destroy)"라고 발언했다. 그러자 김정은 위원장이 "트럼프가 무엇을 생각했든 그 이상의 결과를 보게 될 것"이라고 반발했다. 언론들은 '로켓맨'과 '늙다리'라는 표현에 주목했고, 말폭탄을 주고받는 현상만 보도함으로써 당시의 긴박한 상황을 간과했다.

트럼프의 발언이 9월 19일에 나왔다는 점에 주목할 필요가 있다. 9월 15일 북한은 괌을 뛰어넘는 사거리의 화성12형을 발사했다. 사실상 괌 포위포격이었다. 미국의 군통수권자로서는 한 마디 안 할 수 없는 상황이었다. 9월 19일 '완전파괴' 발언은 "북한 너희들, 정말로 이렇게 나오면 가만있지 않겠어"라는 경고표시였다. 예상되는 북한의 다음 행동은 최소한 ICBM 화성14형이 정상각으로 발사되어 LA 인근 공해상에 떨어지는 것이었다. 그럴 경우 미국은 군사적 대응을 하지 않을 수 없다. 그래서 "북한 너희들, 대륙간탄도미사일 쏘면 정말 가만있지 않겠어"라는 경고를 보낸 것이다.

김정은 위원장의 개인성명은 "한번 해보자"라는 답신이라고 할 수 있다. 사실상 북미 양 정상이 선전포고를 함으로써 양측의 군대는 그야말로 즉각 대응태세를 구축하고 있었을 것이다. 쿠바 미사일 위기 당시 전략공군사령부가 데프콘2 대기상태였던 것처럼 말이다.

쿠바 미사일 위기 때 소련의 잠수함에서 핵어뢰 발사가 준비됐다는 사실은 그로부터 40년이 지난 후에야 밝혀졌다. 우리는 지난해 9월부터 11월 29일 ICBM 시험발사 때까지 북한군과 미군이 어떻게 군사적 준비를 하고 있었는지 알 수 없다. 아마도, 쿠바 미사일 위기처럼 수십 년이 지난 후에야 알 수 있게 될 것이다.

그러나 북한이건 미국이건, 그것이 최고 결정자 차원에서의 결정이건, 현장 지휘관 차원의 오판이건 일순간에 전쟁으로 번질 수 있는 위험한 상태가 지속됐던 것만은 분명하다. 다행히 2017년 11월 29일의 ICBM 발사는 정상각이 아닌 고각 발사였다. ICBM은 실제 사거리를 비행하지 않고, 최고고도 4,475킬로미터로 비행하다가 평양에서 950킬로미터 떨어진 곳에 낙하했다. 만약 북한이 11월 29일 ICBM을 정상각으로 발사하고 여기에 미국이 요격미사일을 발사하는 등 군사적으로 대응했다면 북미 전면전으로 비화됐을지도 모를 일이다. 아찔한 순간이었다.

제2의 쿠바 미사일 위기

실감하기 어렵다. 2017년 우리는 너무 '평온한' 일상을 보내고 있었다. 그러나 55년 전에 이와 유사한 위기상황이 있었다. 당시에도 미국과 소련의 극소수 정책결정자를 제외하고, 일반인들은 위기를 감지하지 못했다. 그러나 지금 우리는 55년 전의 위기를 핵전쟁 직전까지 갔던 긴급한 상황으로 기억한다. 쿠바 미사일 위기가 그것이다.

"인류 역사상 가장 위험했던" 쿠바 미사일 위기는 1962년 10월 16일 쿠바에 소련의 미사일 기지가 건설되고 있다는 사실을 미국이 인지하면서 시작된다. 미국의 턱밑에 있는 쿠바에 소련의 미사일 기지가 완성된다는 것은 미국 본토가 쿠바에 배치된 소련 미사일의 직접적 위협 아래 놓인다는 것을 의미한다. 지금 기준으로 본다면 30분이면 날

아갈 수 있는 ICBM이 러시아에 배치되어 있는데 쿠바의 미사일 기지가 새로운 특별한 위협이 될 수 있겠냐 싶겠지만, 그때는 ICBM 기술이 지금처럼 발달하지 않았다.

미국의 목표는, 당연하게도 쿠바에 미사일 기지가 완공되는 것을 막는 것이었다. 군사적 수단과 외교적 수단이 동시에 검토됐다. 어느 것도 만만치 않았다. 군사적 수단은 선제적 기습공격을 의미한다. 이는 소련의 반발을 불러일으킬 것이 분명했다. 즉 3차 세계대전이 발생할 수 있는 위험성을 갖고 있었다. 또한 쿠바에 배치되어 있는 미사일이 미국으로 발사될 가능성도 있었다.

외교적 수단은 소련과의 협상을 의미한다. 여기서도 두 가지 문제가 제기됐다. 첫째, 소련을 신뢰할 수 있는가. 협상을 하고 있는 동안 소련이 비밀리에 미사일 기지 건설을 강행하면 어떻게 할 것인가 하는 협상 무용론이 제기됐다. 둘째, 소련이 쿠바 미사일 기지를 포기하는 대가로 분명히 다른 무엇 즉 소련을 향하고 있는 유럽에 배치된 미국 미사일 철수를 요구할 것인데, 소련의 그런 요구를 수용한다면 동맹국으로부터 신뢰를 상실한다는 우려가 제기됐다.

트럼프가 빠져있던 딜레마에서 40대의 젊은 대통령 케네디도 자유롭지 못했다. 결국 케네디는 '해상봉쇄'를 선택했다. 해상을 봉쇄하여 쿠바로 향하는 모든 소련 국적 함선을 회항시켜 미사일 기지 건설 장비가 더 이상 들어가지 못하도록 하자는 것이었다.

그러나 해상봉쇄 역시 군사적 조치이다. 소련의 함선을 강제로 세우고, 돌려보내기 위해 미국의 전투기와 전투함대가 동원됐다. 만약의 사태에 대비하여 미 전략공군사령부는 데프콘2를 발령했고, 145기의 핵미사일이 발사준비 절차에 돌입했다. 핵탑재 전투기 역시 완전무장한 채 비상대기하고 있었으며, 그중 8분의 1은 이륙해서 공중대기상태였다.

미군에 의해 쿠바로 가는 길이 봉쇄된 소련 함선이 순순히 물러날 리 없었다. 대치상태가 길어지고 미군은 위협사격을 가했다. 공포탄을 쏘고, 잠수함 공격 무기인 폭뢰가 투하됐다. 물속에서 소련의 함선을 호위하고 있던 소련의 잠수함은 경고용 폭뢰 공격을 받고 실제 공격으로 오인했다. 즉시 핵어뢰 조립을 지시했다. 미국의 예상과 다르게 소련 잠수함은 핵어뢰를 장착하고 있었다.

소련의 핵어뢰는 핵무기 통제 장교 세 명의 승인이 있어야 발사할 수 있었다. 다행히도 그중 한 명이 모스크바에서 명령이 올 때까지 기다리자고 하면서 승인을 거부했다. 만약 그때 세 명의 통제 장교 모두 핵어뢰 발사 결정을 내렸다면, 완전무장을 하고 있던 미 전략공군 역시 핵공격을 시작했을 것이고, 어쩌면 미사일이 발사됨으로써 제3차 세계대전 그리고 핵전쟁이 발발했을지도 모르는 아찔한 순간이었다.

그 후 미국은 쿠바를 침공하지 않으며 터키 배치 핵미사일을 철수시키는 대신 소련은 쿠바 미사일을 철거하겠다고 합의함으로써 '인류 역사상 가장 위험했던 순간'은 평화적으로 해결됐다.

2017년 북미 ICBM 위기와 너무나 유사하다. 쿠바 미사일 기지는 미 본토를 위협하는 치명적 군사시설이었다. 북한의 ICBM은 미 본토를 위협하는 치명적 무기다. 케네디와 트럼프는 군사적 수단과 외교적 수단 사이에서 갈피를 못 잡았다. 미 본토가 공격받을 가능성을 배제할 수 없었고, 소련과 북한을 믿지 못했기 때문이다.

'공포의 균형'이 미소 양 지도부를 전쟁으로 치닫지 못하게 억제하고 있었지만, 미소 군사력이 대치하고 있던 현장에서는 핵어뢰 발사가 준비됐다. 아마도 훗날 역사는 2017년의 한반도 ICBM 위기를 쿠바 미사일 위기와 비교할 것이다. 비록 일상을 살아가는 평범한 사람들은 감지하지 못했지만 인류를 파괴로 이끌 뻔한 핵전쟁 위기의 순간이었다고 말이다.

동맹, 딜레마에 빠지다

이 상황을 누구보다 우려하면서 지켜보았을 곳은 아마도 청와대였을 것이다. 또한 11월 29일 ICBM이 정상각으로 발사되지 않고 고각으로 발사되는 것을 보면서 그 누구보다 안도의 숨을 내쉬었을 곳도 청와대였을 것이다.

문재인 정부는 2017년 ICBM 위기를 감지했던 것으로 보인다. 베를린 선언에서부터 시작해서 8.15 광복절 경축사 등에 이르기까지 평화를 가장 강조했다. 베를린 선언에서는 "핵과 전쟁의 위협이 없는 한반도"를 강조했고, 광복절 경축사에서는 "한반도에서 또 다시 전쟁은 안 된다"면서 "누구도 대한민국의 동의 없이 군사행동을 결정할 수 없다"라고 단언했다. 그러나 문재인 대통령이 스스로 토로한 것처럼 한국 정부가 할 수 있는 일은 별로 없었다.

동맹은 전쟁이 일어나지 못하도록 억지하고, 만약 전쟁이 발생하면

격퇴하는 것을 목표로 해서 체결된다. 그런데 문재인 대통령이 말한 것처럼 전쟁은 이제 상정 자체가 불가능한 상황이 되어버렸다. 왜냐하면 한반도에서의 전쟁은 핵전쟁이고, 핵전쟁이 발발하는 순간 이미 한반도는 재앙이기 때문이다.

2017년 ICBM 위기는 한국 정부를 딜레마에 빠뜨렸다. 미국의 영토인 괌이 공격받는 상황이 발생했을 때, 물론 그런 일은 발생하지 않았고 발생해서도 안 되겠지만, 한미동맹은 어떤 공동행동을 해야 하는 것일까. 괌 포위사격을 자국에 대한 공격으로 간주하고 미국이 북한에 대한 군사공격을 계획한다면 한국은 어떤 입장을 취해야 할까. 남쪽에 대한 북한의 보복공격 가능성이 농후한 상황에서 미국의 군사행동에 동참해야 하는 것일까. 아니면 한국의 안전을 최우선적으로 고려하여 동참하지 말아야 하는 것일까.

1953년 체결된 한미상호방위조약은 '태평양 지역에서 일국이 외부 공격을 받을 때'를 동맹 조약이 발동할 수 있는 조건으로 명시하고 있다. 괌 포위사격은 명확하게 동맹조약의 발동 조건이 된다. 과연 한국은 어떤 선택을 해야 하는 것일까.

물론 한미상호방위조약은 '자국의 헌법 절차'에 따를 것을 규정하고 있다. 즉 북미 사이에 전쟁이 발발했을 때 우리는 우리 헌법 절차에 따라 동맹 조약을 발동시키지 않을 수 있다. 그렇게 된다면 그 즉시 한미동맹은 파기될 것이다. 만약 한미동맹 정신에 입각해 동맹 조약을 발동시켜 미국의 군사행동에 동참한다면, 그 결과는 상상조차 할 수 없다.

2017년 이후 한국은 동맹의 딜레마에 빠져버렸다. 한국 정부의 입장에서 동맹을 파기할 것인가, 유지할 것인가 어느 쪽으로든 쉽지 않은 결정이다. 다행히 그런 선택의 순간은 오지 않았다. 그러나 북미 군사 대결이 궁극적으로 종식되지 않는 한 '한국은 어떤 선택을 해야 하는가?'하는 딜레마는 계속 발생할 수 있다.

　　미국은 '본토 우선주의'를 채택함으로써 이 같은 딜레마에서 빠져 나올 준비를 하고 있다. 대북정책에서도 '동맹국의 안보'보다는 '미 본토 안보'를 더 중요하게 설정했다. 2018년 4월 미 의회 인사청문회에서 폼페이오 미 국무부 내정자는 북미 정상회담을 "미국에 대한 북한의 핵위협을 처리하는 것"이라고 선언했다. 동맹국이 우선인가 자국이 우선인가 하는 문제에서 미국은 '쿨하게' 자국의 안보를 선택한 것이다.

　　동맹의 딜레마는 오롯이 한국이 처한 현실이다. 이제 우리도 선택해야 한다. '동맹국이 우선인가 자국이 우선인가'에서 자국의 안보가 우선이라고 선언할 수 있어야 한다. 아니 그래야 하는 시대가 도래하고 있다. 그것만이 동맹의 딜레마에서 빠져나올 수 있는 길이다.

북한과
미국은
친구가 될 수
있을까

II

미국, 북핵과
마주하다

1. 미국의 사명, 북핵을 막아라

북한을 불량국가로 지목하다

냉전이 해체되고 소련이 붕괴함에 따라 미국은 자연스럽게 유일 초강대국의 지위를 확보하게 됐다. 냉전 시기 소련의 봉쇄에 집중했다면 냉전 해체 이후 미국은 국제질서를 안정적으로 '관리'하는 데 집중했다.

'관리'의 목적은 두 가지였다. 첫째, 지역 강대국의 출현을 저지하는 것이었다. 소련과 같은 전 지구적 패권 경쟁국이 등장할 가능성은 없었다. 그러나 지역 강대국이 출현하고 그로 인해 지역 질서가 불안정해지는 것은 미국에게 피곤한 일이었다. 특히 미국은 아시아에 집중했다. 이 시기 미국의 공식 정책 문서에 '동아시아에서 광범위한 이해관계를 갖고 있는 태평양 국가'라는 표현이 빈번하게 등장한다. 미국은 일본의 부상도, 중국의 부상도 원하지 않았다. 이들이 충돌하면 동아시아 '관리' 비용이 커지기 때문이다.

둘째, 핵확산을 저지하는 것이었다. 1992년 미 육군대학의 한 정세 보고서는 2010년까지 핵무기를 보유할 수 있는 나라가 20개국이 넘을 것으로 예상했다. 핵무기의 확산을 저지하지 못한다면 미국은 3중고를 겪게 된다. 지역균형이 파괴되어 핵확산의 도미노 현상이 발생할 수 있다. 또한 핵군비 경쟁이 심화되어 국제체제 관리 비용이 상승한다. 마지막으로 핵을 가진 제3세계 국가가 출현할 경우 전략의 문제가 발생한다. 냉전 시기 미국은 오직 소련만을 대상으로 하는 핵전략을 수립해왔기 때문이다.

바로 이 시점에서 미국은 '불량국가'(rogue state)라는 새로운 담론을 개발하기 시작했다. 불량국가들은 지역 갈등과 전쟁을 부추긴다. 그들은 종종 호전적으로 행동했고, 게다가 - 이게 중요하다 - 반항적이기까지(defiant) 했다. 또한 그들은 인권을 억압하고 급진적 이념을 숭배한다. 그뿐이 아니다. 핵을 포함한 대량살상무기를 확산시킨다. 냉전 시기에 소련이 국제질서의 안정을 파괴했다면, 앞으로 국제 안정 파괴의 주범은 불량국가가 될 것이다.

미국이 보기에는 북한, 쿠바, 이란, 이라크 등이 그러한 국가들이다. 클린턴 대통령의 안보보좌관이었던 앤서니 레이크가 1994년 3월 미국의 대표적 외교 전문지인 포린 어페어즈(foreign affairs)에서 이들 나라들을 불량국가로 지목했다. "세계 유일 초강대국으로서 미국은 이들 불량국가를 무력화시키고 봉쇄하고 궁극적으로는 체제 전환시켜야 할 책임이 있다"라고 미국의 책임과 역할을 강조했다.

지역 강국의 출현, 핵확산 저지 그리고 불량국가라고 하는 세 가지 카테고리에 가장 부합하는 나라는 북한이었다. 북한은 일본과 중국이 지역 강국으로 발돋움할 수 있는 동북아시아 지역에 위치해 있다. 또한 1980년대 말부터 이미 핵개발을 추진하고 있다는 의심을 받고 있었다. 북한의 핵개발을 저지하지 못하면 아시아에서 핵도미노 현상이 일어날 수 있으며, 이는 아시아뿐 아니라 미국 안보와 이익에 치명적 타격을 줄 수 있다.

　　미국은 북한의 핵개발이 한반도의 안전을 위협할 뿐 아니라 동아시아에서의 핵무기 확산을 부추기고, 제3세계 국가들에게까지 핵무기를 확산시킬 수 있는 위험한 사태로 인식했다. 1995년 펜타곤 보고서는 북한의 핵개발을 "한반도, 아시아, 전 지구적인 비확산에 극단적으로 위태로운 위협"이라고 적었다.

　　따라서 미국에게 있어서 북한의 핵무기 개발은 '한국의 문제'가 아니라 '미국의 문제'였다. 그것도 단순히 동아시아 지역에 국한된 미국의 이해관계가 아니라 '국제적 수준에서의 중요한 이해관계'가 걸린 문제였다. 한국전쟁 이후 한반도에서의 이슈가 국제적 수준으로 미국의 중요한 이슈가 된 최초의 경우라고 할 수 있다.

미국의 사명 "플루토늄을 막아라"

　　미국은 북한의 영변 지역에 의혹의 눈길을 보내고 있었다. 영변 지역은 북한의 핵발전 시설이 즐비한 곳이다. 기존의 핵시설 외에도 더 큰 규모의 새로운 핵시설이 건설되고 있다는 단서도 포착됐다.

미국은 영변 핵시설에 대한 즉각적인 사찰을 주장했다. 북한은 반발했다. 미국이 한국에 핵무기를 배치한 상태에서는 핵사찰을 수용할 수 없다는 입장이었다. 미국은 1957년부터 주한미군기지에 핵무기를 배치해 놓고 있었고, 북한이 이 사실을 짚었다.

미국 앞에 놓인 카드는 외교적 해법과 군사적 해법 두 개가 있었다. 미국은 외교적 해법을 선택했다. 냉전이 해체되는 과정이었기 때문에 미국은 한국에 핵무기를 계속 배치해야 할 현실적 이유가 없었다. 기동성이 발달하였기 때문에 핵우산을 제공하기 위해 주한미군기지에 핵무기를 배치할 필요가 없어졌다. 무엇보다 소련의 해체 이후 소련에서 탈피한 독립국가연합 소속 국가들이 핵무기를 포기하도록 하기 위해서는 전 세계에 전진 배치되어 있던 미국의 핵무기를 철수시켜야 하는 상황이었다.

바로 이 지점에서 북미 사이에 타협점이 만들어졌다. 1991년 9월 미국은 해외에 배치된 미군의 지상·해상 발사 전술 핵무기를 모두 철수하겠다고 선언했다. 북한은 영변 핵시설에 대한 사찰을 수용했다. 한미 양국은 북한이 반대해왔던 팀스피리트 훈련도 중단했다. 북한과 미국은 최초로 고위급 회담을 개최했다. 북한은 영변 핵시설의 활동에 대한 보고서를 제출하고, 미국은 핵무기 철수 완료 선언을 하는 등 북미 사이의 협상은 순탄하게 진행되었다. 1992년 초반까지는 그랬다.

그런데 문제가 발생하기 시작했다. 북한의 핵시설에 대한 사찰은 국제원자력기구(IAEA)가 담당하는데, IAEA 사찰단의 분석 결과 북한이 플루토늄 양을 거짓 신고했다는 의혹이 제기된 것이다. 미국에게 심각한 문제가 아닐 수 없었다. 만약 IAEA의 주장이 맞다면 북한이 몰래 플루토늄을 빼돌렸다는 말이 되고, 그 플루토늄으로 핵무기를 개발할지도 모를 일이기 때문이었다.

여기서 잠깐 기술적인 문제를 언급해야겠다. 핵무기를 만드는 방법은 플루토늄을 이용하는 것과 우라늄 농축을 이용하는 것, 두 가지 방법이 있다. 플루토늄은 자연 상태에서는 존재하지 않는 물질이다. 천연우라늄을 넣은 연료봉으로 원자로를 가동시키면 전기가 만들어지고, 화학 반응 공정상 플루토늄이라는 물질이 연료봉에 쌓이게 된다.

여기서 사용되는 원자로가 흑연감속로다. 미국이 문제 삼은 것은 바로 이것이다. "핵무기를 개발할 목적으로 흑연감속로를 이용해서 핵발전소를 가동시켰다" 하는 문제 제기였던 것이다. 폐연료봉에서 플루토늄을 꺼내는 것을 재처리라고 한다. IAEA가 의혹을 제기한 것이 바로 이것이다. 북한이 더 많은 양의 플루토늄을 재처리해 놓고도 이것을 축소 신고해서 몰래 빼돌린 것 아니냐 하는 의혹이었다.

IAEA의 의혹을 기정사실로 받아들인 미국은 북한에게 추가 사찰을 요구했다. 북한의 다른 시설도 봐야겠다는 것이었다. 이것을 특별사찰이라고 한다. 북한은 미국이 추가 사찰을 요구하는 곳은 군사시설이기 때문에 수용할 수 없다는 입장을 고수했다.

이때부터 북미간의 협상은 파국으로 치닫는다. 미국은 북한이 플루토늄을 확보할 가능성을 차단해야 했다. 플루토늄 보유는 곧 핵무기 보유로 이어질 것으로 봤기 때문이다. 바로 이 시점에서 미국은 군사적 압박 정책으로 전환했다. 중단했던 팀스피리트 훈련을 재개했고, 국제원자력기구 IAEA는 특별사찰 결의안을 채택했다. 북한은 준전시상태를 선포하고, NPT 조약 탈퇴를 선언하는 등 격렬하게 반응했다.

1993년과 1994년의 한반도 핵위기는 플루토늄과 관련한 것이었다고 해도 과언이 아니다. 미국은 북한이 플루토늄을 확보할 모든 가능성을 차단하고자 했고, 북한은 이에 격렬하게 저항했다.

1993년 한 차례 위기를 겪은 북한과 미국은 다시 협상을 재개했다. 북한은 미국이 경수로를 제공하면 흑연감속로를 폐기할 용의가 있음을 밝혔다. 폐연료봉에 플루토늄이 쌓이는 북한의 흑연감속로보다 경수로는 더 안전한 것이었다. 미국은 비용 등의 부담이 있으나 '좋은 방법'이라고 생각했다. "북한의 플루토늄을 막아야 한다"는 목표를 달성할 수 있는 현실적 방안이었기 때문이다.

그런데 경수로 제공 문제를 협의하는 과정에서 다시 북한의 과거 핵활동 즉 재처리한 플루토늄의 양이 문제가 됐다. 여전히 미국은 북한이 플루토늄을 몰래 빼돌렸을 가능성에 주목했다. 미국은 두 마리 토끼를 모두 쫓으려 했다. 과거의 플루토늄 재처리 의혹을 해소하고 북한이 플루토늄을 확보할 가능성까지 차단하려고 했다. 전자의 플루토늄 재처리 여부를 과거 핵이라 하고, 후자의 플루토늄 확보 가능성을 미래 핵으로 부른다면, 미국은 과거 핵과 미래 핵을 동시에 해결하려고 했던 것이다.

그러나 북한은 '과거 핵은 군사 사찰'이라는 입장을 고수했기 때문에 북미 사이에 또다시 의견 충돌이 일어나게 됐다. 1994년 6월의 위기는 바로 여기서 시작됐다.

과거 핵이냐, 미래 핵이냐

이때 위기는 정말 심각했다. 1994년 5월 18일, 미국의 국방장관과 합참의장은 주한미군 사령관을 포함하여 미 군부 내 현역 4성 장군들과 해군 제독들을 국방부로 불러 회의를 열었다. 여기서 만일 한국전이 발발할 경우 병력, 물자 및 병참학적 측면에서 어떻게 협력할 것인가를 논의했다고 한다. 회의에 참가한 한 해군 대장이 증언했듯이 그 회의는 "실전(實戰) 회의"였다.

6월 10일 IAEA는 대북 제재 결의안을 채택했고, 6월 13일 북한은 IAEA 탈퇴를 선언했다. 6월 14일 미국은 장관급 회의를 개최해 영변 핵시설에 대한 기습공격까지 논의했다. '오시라크(Osirak) 옵션'이라고 불리는 이 계획은 1981년 이스라엘이 이라크의 오시라크 원자로를 기습적으로 공중폭격한 데서 비롯된 명칭이다. 미 공군은 방사능을 널리 유출시키지 않고서도 영변의 핵시설을 신속하고 효과적으로 제거할 수 있다는 보고서를 이미 내놓은 상태였다.

미국은 과거핵을 규명하려 했다. 북한은 미국의 요구를 수용할 수 없었다. 두 나라의 '결연한 의지'는 곧 군사적 충돌로 비화될 태세를 갖추고 있었다. 주한미군 사령관과 주한미국 대사는 6월 16일 주한미국

대사 관저에서 비밀리에 회동하여 비상체제를 가동, 긴급히 미국인들을 소개하는 작전을 추진키로 했다.

상황이 급속히 악화되는 과정에서 평화적 해결의 실마리를 던진 것은 북한이었다. 북미 사이에 긴장이 격화되고 있던 6월 3일, 북한은 핵시설 동결과 재처리 시설을 철거할 용의가 있음을 밝혔다. 클린턴 정부와 미국의 주요 언론들은 이 성명에 주의를 기울이지 않았으나, 수십 년 동안 북한에 천착해왔던 미국의 언론인 셀리그 해리슨은 이 성명을 주목했다. 우연하게도 6월 4일 평양을 방문하고 있었던 셀리그 해리슨은 김일성 주석을 포함한 북한의 고위관리들을 만나면서 북의 진의를 파악했고, 김일성 주석으로부터 "카터 전 대통령의 방북이 이뤄질 경우 대미 협상안을 제시하겠다"라는 언질을 받았다.

북한으로부터 초청장을 받은 카터는 흔쾌히 방북에 동의했지만, 미국 관리들은 반대했다. 그럼에도 카터는 방북했다. 카터의 결단이었다. 카터의 결단에 김대중 선 대통령의 조언이 큰 역할을 했다는 것은 잘 알려진 사실이다. 이후 상황은 우리에게 익숙하다. 김일성-카터 회담에서 북한은 핵개발 계획 동결 및 사찰에 복귀할 것이라는 입장을 전달했고, 카터는 그 발언을 들은 즉시 전쟁 대책 회의를 하고 있던 백악관으로 전화해 이 사실을 알렸다. 백악관 참석자들 중 일부는 카터의 처신을 매국행위라고 비난했고, 북한의 지연전술일지도 모른다는 우려를 제기했다. 그러나 뒤이어 CNN 생중계를 통해 김일성-카터의 대화 내용이 전 세계에 타전되면서 클린턴 정부는 김일성-카터 합의안을 수용할 수밖에 없었다.

그렇게 전쟁위기는 해소됐고, 1994년 10월 21일 제네바 기본합의서가 채택됐다. 그 하루 전날 클린턴 대통령 명의의 서한 즉 대통령의 권한을 동원하여 합의사항을 이행하겠다는 '담보 서한'이 김일성 주석 앞으로 전달되었다.

제네바 기본합의서의 핵심 내용은 아래와 같다.

1. 흑연감속로 및 관련 시설을 경수로 발전소로 대체

1) 미국의 책임 아래 2,000메가와트 경수로를 2003년까지 북한에 제공

2) 흑연감속로 동결에 따라 싱실될 에너지 보전 조치

3) 흑연감속로 및 관련 시설 동결, 궁극적 해체

2. 양국의 정치적, 경제적 관계의 완전 정상화 추구

1) 합의 후 3개월 안에 무역 투자 및 투자 제한 완화

2) 쌍방의 수도에 연락 사무소 개설

3) 양국 관계를 대사급으로 격상

3. 핵 없는 한반도의 평화와 안전

1) 미국의 핵무기로 북을 위협하거나 사용하지 않을 것 공식 보장

2) 북한의 비핵화 공동선언 이행 조치

3) 북한은 남북대화에 착수

제네바합의서는 '과거 핵'보다는 '미래 핵'에 집중했다. 과거의 핵활동으로 북한이 플루토늄을 얼마나 재처리해서 보유하고 있는가보다 핵시설 동결이라는 '미래 핵'에 초점이 맞추어져 있다.

미국이 과거 핵에 집착할 때 북미 대화는 결렬되고 위기가 발생했다. 미국이 미래 핵에 집중했을 때 북미 위기는 해소되고 협상이 타결됐다. 이 같은 패턴은 이후 북미 사이의 핵공방에서 일관되게 나타난다. 과거 핵은 전쟁을, 미래 핵은 평화를 부르는 공식이 이때부터 만들어졌다.

북핵 문제인가, 한반도핵 문제인가

편의상 북핵 문제라고 적고 있지만, 사실 한반도핵 문제라고 명명해야 한다. '북핵 문제'라는 명칭에는 북한의 핵개발이 문제이며 북한이 핵을 포기해야 이 문제는 풀린다는 의미가 내포되어 있다. '북핵 문제'라고 명명하는 순간 북한은 한반도 평화와 안정의 파괴자라는 이미지를 떠안게 된다. 그래서 북한은 국제법 위반자가 되며, 사실상 범죄자 취급을 받게 된다. 범죄자는 단죄의 대상이지 대화와 협상의 대상이 될 수 없다. 또한 북한의 모든 핵개발 활동은 감시와 검증의 대상이 된다.

한국과 미국의 굳건한 동맹은 문제를 해결하는 든든한 버팀목이 되고, 국제사회의 대북 제재는 '범죄에 대한 단죄'로 받아들여진다. 미국의 대북 압박 정책은 정당한 정책이 되며, 국제사회는 미국의 대북 압박 정책에 편승해야 한다.

'한반도 핵문제'라고 불렀을 때 그 성격이 분명해지고 해결의 방법도 마련된다. 우리가 '북핵 문제'라고 부르는 그것은, 미국의 북한에 대한 핵정책(을 중심으로 한 적대적 군사정책)과 그에 대응한 북한의 핵개발(을 중심으로 한 반응적 군사정책)로 인해 촉발된 문제이다. 1950년 북한과 미국은 전쟁을 시작했고, 1953년 정전협정이 체결됐다. 그런데 정전협정은 군사적 교전행위를 중단하는 군사적 조치에는 합의했지만, 전쟁을 끝내고 관계를 정상화하는 정치적 합의에까지는 이르지 못했다. 북미 양국의 적대관계는 최근까지 지속되고 있었다.

북한의 핵개발은 미국의 대북 적대정책에 대한 반응이었고, 따라서 북미 적대관계의 산물이다. 북한의 핵개발로 인해 한반도 평화가 위협받는 것이 아니라 북한의 안보가 위협받는 상황이 지속되는 과정에서 북한의 핵개발은 시작됐다. 하지만 '북핵문제'라고 부르는 순간 마치 핵개발로 인해 북미 관계가 적대적이 되고 한반도 평화가 위협받은 것처럼 원인과 결과가 뒤바꾸는 효과를 낸다.

따라서 북한의 핵이 문제가 아니라 한반도에서의 핵이 문제다. 북한이 핵을 포기해야 이 문제가 풀리는 것이 아니라 한반도에서의 핵문제 즉 북한의 핵개발과 미국의 대북 적대정책이 동시에 포기돼야 풀린다.

김대중 전 대통령과 임동원 전 장관은 이 문제를 정확하게 포착했다. 1998년 클린턴 정부의 대북정책조정관으로 윌리엄 페리가 임명됐을 때 두 사람은 '한반도 냉전구조 해체를 위한 포괄적 접근전략'을 마련했다. 그 요지는 다음과 같다.

"북한의 핵개발이나 중장거리 미사일 개발의 동기는 한반도 냉전 구조에 기인하는 것이다. 미국이 북한을 적대시하고 북한이 위협을 느끼는 한 북한은 대량살상무기 개발의 유혹에서 헤어나기 어려울 것이다. 따라서 핵문제 해결의 핵심요소는 핵무기를 필요로 하지 않는 환경을 마련하고 상호신뢰를 조성하는 데 있다. 북한의 핵 및 미사일 개발 문제의 해결은 냉전의 잔재인 북미 간의 적대관계 해소와 남북관계 개선을 통한 신뢰 조성, 북한의 개방과 경제 재건, 남북간 재래식 군비감축 문제 등과 서로 복잡하게 얽혀 있다. 따라서 포괄적 해결 노력이 필요하다."

이 같은 '포괄적 접근전략'은 1998년 12월 대한민국 정부의 전략으로 확정되고, 김대중 정부가 페리 조정관을 설득하는 핵심 논거가 된다. '북핵 문제'가 아닌 '한반도 핵문제'의 시각에서 마련된 이 전략에 대해 윌리엄 페리는 "김대통령과 당신(임동원 전 장관)의 주장을 듣고 처음에는 나의 생각과 너무도 달라 무슨 소리를 하는지 어안이 벙벙했다"고 말했다. 그러나 페리는 1999년 1월 말부터 '포괄적 접근전략'에 동의하기 시작했다.

페리는 자신이 작성한 페리 보고서에 대해 "이것은 사실 김 대통령의 구상에 다름 아니다. 임동원 수석비서관으로부터 좋은 아이디어를 많이 제공받았으며, 부끄러운 일이지만 임동원 수석이 제시한 전략구상을 도용하고 표절하여 미국식 표현으로 재구성한 데 불과하다"라고 털어놓았다. '북핵 문제'가 아니라 '한반도 핵문제'라는 시각에서 접근했을 때 한국 정부가 북한은 말할 것도 없고 미국 정부조차도 설득할 수 있다는 것을 보여준 대표적 사례라고 할 수 있다(그럼에도 불구하고 편의상 '북핵 문제'라고 표기하는 것에 대해 독자 여러분들의 양해를 구한다).

2. 북한, 핵무기를 보유하다

아들 부시, 모든 것을 돌려놓다

1994년 제네바기본합의서가 채택됐으나 그 이행은 순탄하지 않았다. 특히 미국의 정보기관에 의해 금창리 핵개발 의혹이 제기됐던 1998년은 제네바기본합의서 이행에 결정석 차질이 빚어진 시기였다. 클린턴 정부로서는 다시 한번 '대북 폭격이냐 대화냐'의 선택의 기로에 서게 됐다. 그러나 북미 양국은 1994년 6월과 같은 긴장국면으로 가는 것을 선택하지 않았다. 대신 북한은 금창리 지하시설의 '관람료'를 요구했다. 사찰은 허용할 수 없으니, 보고 싶으면 '돈을 내고 관람하라'는 것이었다. 미국은 수락했다. 식량 60만톤을 제공하고 금창리 시설을 돌아본 미국의 '관람단'은 '텅 빈 시설'임을 확인했다. 미 정보기관의 어이없는 판단 착오로 1년 가까이 끌어왔던 금창리 의혹은 이렇게 터무니없게 종결됐다.

클린턴 정부는 미국 의회를 설득해야 하는 또 하나의 숙제가 있었다. 클린턴은 1994년 6월 위기 당시 북한에 대한 정밀타격 계획을 입안했던 '대북 강경론자'(로 알려진) 윌리엄 페리를 대북 조정관으로 임명하고, 대북정책 재검토에 착수했다. 공화당 의원들도 신뢰하는 페리 전 장관을 내세워 미 의회로부터 대북 예산을 지원받으려는 시도였다. 결과적으로 클린턴의 시도는 대성공이었다. 한국, 일본, 중국, 러시아는 말할 것도 없고 1999년 5월 평양까지 다녀온 페리는 "우리는 우리가 바라는 북한이 아니라 있는 그대로의 모습으로 북한 정권을 바라보고 대처해야 한다"라고 주장하며 북미 관계 정상화를 권고하는 페리 프로세스를 작성했다.

페리의 방북과 페리 프로세스는 효과를 발휘했다. 북미 미사일 회담이 열리고, 북한은 페리가 평양에서 요청했던 사항, 즉 장거리 미사일 발사 유예(모라토리움)를 선언했다. 클린턴은 북한 수출입 제재조치의 전면 중단을 발표했다.

그 후 상황은 빠른 속도로 진전됐다. 2000년 6월 남북정상회담이 개최됐고, 이는 북미 대화에도 긍정적 영향을 미쳤다. 2000년 10월 9일 북한의 2인자인 조명록 조선인민군 총정치국장이 '김정일 특사' 자격으로 워싱턴을 방문했다.

백악관에서의 클린턴-조명록의 회담은 순조로웠고, 그 결과 북미 공동코뮤니케가 발표됐다. 한반도 평화협정을 체결하고, 핵과 미사일 문제를 해결하며, 북미 관계를 정상화한다는 것이 골자였다. 김정일 위원장의 요청을 받아들여 클린턴 대통령의 평양 방문 문제까지 공동코

뮤니케에 포함됐다. 올브라이트 미 국무장관은 바로 평양에 가서 김정일 국방위원장을 만나 북미 현안에 대해 폭넓게 논의하고, 상당한 합의를 이뤘다.

특히 미사일 문제와 관련하여 미국은 북한의 인공위성을 대리발사해주고 그 대신 북한은 장거리 미사일 발사체를 개발하지 않기로 했다. 수출 중단으로 인한 손실분을 미국이 보상해주는 조건으로 북한은 중거리와 단거리 미사일을 수출하지 않기로 약속했다. 올브라이트는 워싱턴에 돌아가 클린턴에게 이 같은 내용을 전달했고 백악관에서는 클린턴의 평양 방문을 적극적으로 검토했다.

그런데 결정적인 사건이 발생했다. 공화당 대통령 후보였던 부시(아들 부시)가 당선된 것이다. 기독교 윤리에 기초해서 근본주의적 가치를 추구하고 있던 부시 대통령과 부시 행정부 내에서 영향력을 행사하고 있는 네오콘은 이란, 이라크와 더불어 북한을 '악의 축'으로 규정하고, 북한을 핵공격 대상 국가로 지목했다. 여기에 그치지 않고 아들 부시 정부는 북한이 고농축 우라늄을 이용한 핵무기 개발 계획을 시인했다고 주장했다.

앞서 언급한 것처럼 핵무기는 플루토늄만이 아니라 우라늄 농축을 이용해서 개발할 수도 있다. 천연 우라늄은 우라늄 235와 우라늄 238로 이루어져 있는데, 우라늄 235가 바로 또 하나의 핵무기 원료가 된다. 그런데 천연우라늄에는 우라늄 235가 0.7%밖에 존재하지 않는다. 여기서 원심분리기가 등장한다. 북한이 파키스탄에서 비밀리에 수입했다는 원심분리기 말이다. 원심분리기를 사용하여 우라늄 235가 2~4%

정도가 되도록 농축하면 저농축 우라늄이 되고, 80% 이상이 되도록 농축하면 고농축 우라늄이 된다. 저농축 우라늄은 핵발전에 쓰이고 고농축우라늄은 핵무기에 쓰인다. 2002년 미국이 주장했던 고농축 우라늄을 이용한 '북한의 핵개발 계획설'은 바로 이 같은 기술적 원리에 근거한 것이다.

보통 1990년의 '북핵 문제'를 1차 핵위기라 부르고, 2002년 이후 '북핵 문제'를 2차 핵위기라고 부른다. 1차 핵위기는 플루토늄이 핵심이었고, 2차 핵위기는 고농축우라늄이 핵심이었다.

북한이 고농축우라늄을 이용한 핵무기 개발 계획을 추진하고 있다고 '확신'한 미국은 신속하게 제네바 합의를 파기했다. 2002년 11월 13일 부시 정부는 중유 제공 중단을 발표했고, 경수로 제공을 위한 사업도 재검토하겠다고 밝혔다. 북한 역시 맞대응하며 제네바 합의를 파기했다. 12월 북한은 핵활동 동결을 해제했다. 즉 1994년 이후 동결시켰던 영변 핵시설을 재가동시키고, IAEA의 감시 카메라를 제거했다. 그리고 2003년 1월 10일, NPT 탈퇴를 선언하고 그리고 1994년 제네바기본합의서에 의해 봉인됐던 8,000개의 폐 연료봉에서 플루토늄을 재처리하기 시작했다. 핵무기를 본격적으로 개발하기 시작한 것이다.

아들 부시 정부가 제기했던 고농축 우라늄 핵개발 의혹은 아무런 근거가 없는 것이었다. 클린턴 정부의 대북정책을 뒤집기 위한 수단으로 활용했을 뿐이다. 그러나 부시의 강경한 대북정책은 10여 년 넘게 진행되어 왔던 북미 핵협상의 성과를 무위로 돌리기에 충분했다.

북한, 비핵화를 거부하다

북한이 플루토늄을 재처리하고 핵무기 개발에 착수했다는 것은 가능성의 영역으로만 존재하던 북한의 '미래 핵'이 핵무기로 현실화됐다는 것을 의미한다. 1990년대 미국이 사활을 걸고 저지하려 했던 플루토늄이 핵무기로 변해버린 것이다. 미국은 다급해졌다. 이 상황을 제어하지 못하면 북한은 핵무기 개발에 박차를 가하게 될 것이고, NPT 체제는 무력해질 것이다. 북한이 핵을 포기하기 전까지 양자대화를 하지 않겠던 미국은 결국 2004년 1월 2일 뉴욕에서 북한과 접촉하고, 2월 초 6자회담 개최에 동의하고, 이 회담에서 북미 직접 협상에 참여하겠다는 입장을 밝힌다. 북한의 북미 양자회담 요구를 수용한 것이다.

2년 가까이 공방을 거듭한 후 2005년 9월 19일 4차 6자회담에서 공동성명(9.19 공동성명)이 채택됐다. 9.19 공동성명은 "북한의 모든 핵무기와 현존하는 핵계획의 포기"라는 표현이 들어있다. 북한이 핵무기를 갖고 있는 현실이 반영된 것이라 할 수 있다. 그 내용은 1994년의 제네바 기본합의서와 유사하다. 즉 '과거 핵'보다는 '미래 핵'에 초점이 맞추어졌다. 다만, 평화협정 논의가 명시됐다는 점이 제네바 기본합의서와 다른 점이라고 할 수 있다.

9.19 공동성명이 갖는 또 하나의 중요한 의미가 있다. 바로 말 대 말, 행동 대 행동 즉 '동시행동 원칙'에 입각해 공동성명이 작성됐다는 것이다. 합의의 등가 이행 원칙이라고 할 수 있다. 북한의 말(약속)과 미국

의 말(약속)은 등가이다. 북한의 행동과 미국의 행동은 등가이다. 그러나 미국(혹은 북한)의 말과 북한(혹은 미국)의 행동은 등가가 아니다. 상호 불신이 존재하는 북미 양자 사이에서 '동시행동 원칙'은 상대방의 합의 이행을 보증받고 촉구하는 안전 장치라고 볼 수 있다.

9.19 공동성명 채택 이후 모든 상황은 동시행동 원칙에 의해 설명이 가능하다. 특히 북한은 철저하리만치 동시행동 원칙에 입각해서 자신의 행동을 결정했다.

9.19 공동성명 채택 이후 BDA 문제가 발생했다. 북한이 마카오에 있는 방코델타아시아(BDA) 은행을 통해 위조 달러를 만들어 유통시키고 불법적인 국제거래 대금을 세탁해왔다는 의혹이었다. 미국은 BDA 은행에 있는 북한 계좌를 동결시키는 제재조치를 취했다. 북한은 즉각 반발했다. 북한은 6자회담 불참을 선언하고 2006년 7월 여러 발의 미사일 발사로 대응했다. 급기야 10월에는 핵시험까지 단행했다. 그리고 미국이 동결시켰던 북한의 BDA 계좌를 해제하자 북한은 6자회담에 복귀했다.

BDA 문제가 풀리고 9.19 공동성명 이행 과정이 본격화됐다. 2007년 2월 13일 5차 6자회담에서 '9.19 공동성명 이행을 위한 초기 조치'(2.13 합의)가 합의됐다. 북한은 플루토늄 생산을 중단하고, 미국은 중유지원을 재개하며, 북한은 2007년 내에 모든 핵시설을 불능화(핵시설 폐기에 앞서 핵활동을 못하도록 핵시설을 무력화시키는 조치)하고 그에 대한 신고를 완료하기로 한 것이다. 그에 따라 미국은 테러지원국 지정을 해제할 것을 약속했다. 북한은 7월 18일 영변의 5개 핵시설을 폐쇄하는 조치를 취했다. 그해 10월 3일 6차 6자회담이 개최되어 '9.19 공동성명 이행을 위한 2단계 조치'(10.3 합의)까지 합의되었다.

그러나 여전히 문제의 씨앗은 남아 있었다. 고농축 우라늄 문제였다. 미 국무부는 2.13 합의 이후인 3월 6일 "고농축 우라늄 핵개발 계획을 포함한 모든 핵프로그램을 폐기해야 한다"라고 주장했다. 그러나 북한은 여전히 고농축 우라늄 계획을 부인했다. 이에 따라 미국의 약속은 지켜지지 않았고, 북한 역시 불능화 속도를 늦췄다. 10.3 합의는 2007년 내에 북한이 핵시설을 불능화시킨다는 내용이 포함되어 있었는데, 북한은 동시행동 원칙에 입각해 미국의 경제적 보상조치 속도에 상응하는 만큼 불능화 속도를 조절한 것이다.

비록 시간이 늦춰지기는 했으나 북한은 10.3 합의에 명시된 핵신고서를 2008년 6월에 제출했고, 미국은 즉각 테러지원국 지정에서 북한을 해제하는 절차에 착수했다. 6월 27일에는 성김 미 국무부 한국과장이 참관한 가운데 영변 원자로의 냉각탑을 폭파하는 이벤트가 개최되어 전 세계에 생중계되기도 했다. 여기까지는 순탄했다. 그런데 북한을 테러지원국 명단에서 제외시키는 미국의 절차가 다시 지연됐다. 북한은 다시 불능화 조치를 중단시키고 영변 핵시설의 원상복구까지 고려하고 있다고 경고했다. 미국 6자회담 대표였던 크리스토퍼 힐이 급거 방북했고, 마침내 10월 11일 북한을 테러지원국 명단에서 삭제하는 조치를 취하자 북한은 불능화 조치를 재개했다.

또 하나의 쟁점은 검증 문제였다. 불능화가 '미래 핵'과 관련된 것이라면 검증은 '과거 핵'과 관련된 것이다. 2008년 6월 북한이 제출한 핵신고서에는 26킬로그램의 플루토늄을 핵무기용으로 재처리했고, 폐연료봉 내에 7~8킬로그램의 미추출 플루토늄을 보유하고 있다고 적고 있다. 미국은 북한의 신고가 정확한 것인지 검증함으로써 과거 북한의 핵활동의 진상을 파악하고자 했던 것이다.

그런데 바로 이 검증 부분에서 북미 양측의 입장은 결정적으로 충돌했다. 미국은 핵신고서에 대한 검증에 시료채취(샘플링)가 포함되어 있다고 주장했고, 북한은 현장방문, 문건확인, 기술자들과의 인터뷰에 한정됐으며 시료채취는 포함되지 않았다고 주장한다. 시료채취는 불능화 이후에 논의할 사항이라는 것이다.

시료채취와 더불어 또 하나 쟁점이 됐던 것은 검증 대상이었다. 미국은 영변 핵시설 이외의 고농축 우라늄 의심 시설도 검증해야 한다고 주장했고, 북한은 검증 대상은 영변 핵시설에 국한돼야 한다고 주장했다. 결국 북미 양측의 이 같은 대립은 6자회담 종결로 이어졌고, 2008년 12월 6자회담은 마지막 회담이 되어버렸다. 과거 핵이 다시 한번 북미 협상의 발목을 잡은 것이다.

2009년 1월은 북핵 문제에서 매우 중요한 분기점이다. 1월 13일 북한 외무성 대변인이 담화를 발표해 '선 비핵화 거부' 입장을 밝혔기 때문이다. 여기서 북한은 "우리가 조선반도를 비핵화하려는 것은 지난 반세기 동안 지속되어온 우리에 대한 미국의 핵위협을 제거하기 위함"이었다고 하면서, "미국의 대조선 적대시 정책과 핵위협의 근원적 청산이 없이는 100년이 가도 우리가 핵무기를 먼저 내놓는 일은 없을 것"이라고 못을 박았다.

이 담화는 두 차원에서 중요한 의미를 갖는다. 첫째, 북한이 그동안 협상전략으로 채택했던 '비핵화를 통한 평화협정' 즉 비핵화를 먼저 추진하면서 평화협정을 추후에 만들어간다는 전략에서 비핵화와 평화협정을 동시에 추진하는 전략으로 바꿨기 때문이다. 따라서 북한은 미국이 '선 비핵화'를 고수할 경우 협상에 임하지 않겠다는 의사를 피력한 것이고, 실제 그것은 현실화됐다.

둘째, 훨씬 더 중요한 문제로, 미국은 북한의 새로운 전략을 비핵화 거부로 이해했다. 즉 미국은 북한이 핵을 포기할 의사가 없다고 단정 짓고 사실상 북핵을 방치한다. 북한이 몇 개의 '조악한' 핵무기를 갖고 있는 것이 미국의 안보를 치명적으로 해치는 것은 아니라는 판단이었다. '조악한' 핵무기를 미본토로 이동시킬 수단이 없다는 점도 이 같은 판단에 영향을 미쳤다. 그 유명한 '전략적 인내' 정책이 시작됐다. 그러나 북핵이 방치됐던 이 시기에 북한은 핵무력(핵탄두와 이동수단)을 보유하여 '미국을 위협할 수 있는' 전략국가로 부상했다.

오바마의 북핵 방치, '전략국가'를 부르다

오바마 정부는 출범과 동시에 '전략적 인내'라고 하는 대북정책을 추진했다. '전략적 인내'란 "①북한이 자발적으로 핵무기를 포기할 가능성은 거의 없다. ②중국의 대북정책이 봉쇄의 방향으로 전환하고 있으며, 결국 중국 역시 미국의 편에 서게 될 것이다. ③그럼에도 한반도를 평화적으로 관리한다"는 것을 전제로 한다. 북한의 비핵화 가능성이 낮기 때문에 북핵 해결을 서두르기보다는 중국이 강력한 대북 제재와 봉쇄에 동참할 때까지 기다린다는 것이다. 그래서 '전략적 인내'는 '기다림의 전략'이라는 별칭까지 갖게 됐다.

미국의 '기다림의 전략'은 북한의 핵과 ICBM 개발을 방치하는 결과를 낳았다. 2012년부터 북한은 핵탄두와 미사일 개발에 박차를 가했다.

> "미국의 새 국방전략에는 유라시아의 큰 나라들에 대한 군사적 포위망을 조이기 위해 어느 한순간에는 공화국을 무력침공하여 전 조선반도를 타고 앉으려 하지 않으리라는 보장이 없다. <중략> 이것이 우리가 핵문제를 전면적으로 재검토하지 않을 수 없게 된 동기이며 배경이다."(2012년 8월 31일 조선 외무성 비망록)

이 같은 입장에 기반해서 북한은 2013년 2월 12일 3차 핵시험을 단행하고 3월 31일 노동당 중앙위원회 전원회의를 개최하여 '경제-핵무력 병진 노선'을 결정했다. 4월 1일에는 최고인민회의를 열어 '자위적 핵보유국의 지위를 더욱 공고히 할 데 대하여' 법령을 제정했다. 5월 28일 "미국의 핵위협이 계속되는 상황에서 우리가 희생하면서까지 전쟁 억지력을 일방적으로 포기할 생각은 없다" "외부의 핵위협이 가중되는 한 그에 대처할 핵억제력도 강화하지 않을 수 없다"라며 핵무기를 포기할 의사가 없음을 강력하게 피력했다.

여기서 오해가 없어야겠다. 북한은 지금까지 비핵화 자체를 거부한 적은 없다. 그 대신 비핵화의 조건을 분명히 한 것이다. "미국의 핵위협이 계속되는 상황에서" "외부의 위협이 가중되는 한"이라는 조건이 붙은 것이다. 물론 북한에 대한 미국의 핵위협을 '상수'라고 전제하면 북한의 비핵화는 완전히 물 건너갔다는 결론에 도달할 수 있다. 실제로 많은 분석가들이 미국의 핵위협을 상수로 두고, 북한이 핵포기 의사를 철회했다, 즉 북한은 절대 핵을 포기하지 않을 것이라고 단정했다.

북한은 비핵화의 조건을 높이고, ICBM 개발을 본격화했다. 인공위성 발사에 성공함으로써 이미 로켓 기술을 확보해 놓은 상태였다. 대기권 재진입에 필요한 기술적 문제 그리고 핵탄두의 소형화가 ICBM 개발의 관건이었다. 2017년 7월 28일 화성14형 2차 시험발사는 이 두 개의 관문을 통과하는 결정적 테스트였다.

2017년 8월 8일 워싱턴포스트는 자체 입수한 미 국방정보국(DIA) 보고서를 토대로 "미 정보당국이 지난 7월 28일 북한이 핵탄두 소형화에 성공했다는 결론을 내렸다"라고 보도했다. 이날은 트럼프 대통령이 "북한이 더는 미국을 위협하지 않는 게 최선"이라며 "그렇지 않을 경우 화염과 분노(fire and fury)에 직면하게 될 것"이라고 경고한 날이다. 북한이 핵탄두 소형화에 성공했다는 국방정보국의 결론과 트럼프의 '화염과 분노'라는 위협적 발언이 같은 날 나왔다는 것은 북한의 ICBM 능력을 미국이 인정했다는 사실을 보여주는 것이라고 할 수 있다.

7월 28일 2차 시험발사에서 재진입 기술에 성공했다는 평가는 한국의 보수 야당에서 나왔다. 당시 바른정당 소속의 국회 국방위원장이었던 김영우 의원은 "일본 홋카이도에서 촬영된 (화성14형 탄두로 추정되는) 섬광의 모습을 보면 분산되지 않고 아주 뚜렷하다"면서 북한의 미사일이 대기권 재진입 기술을 갖고 있음을 보여주는 것이라고 주장했다. 그러나 이때까지도 재진입 기술 여부는 반신반의하는 분위기가 강했다.

이런 분위기에 쐐기를 박은 것은 2017년 11월 29일 화성15형 시험발사였다. 미국의 미사일 전문가들은 완전한 성공이었다는 일치된 평가를 내렸다.

> "북한의 미사일은 충분히 높고, 충분히 멀리 날았다. 만약 그 미사일이 미국을 겨냥한 것이었다면, (트럼프의 별장인) 마이애미의 마라리고 별장을 타격할 수도 있었을 것이다."(미들버리 국제학연구소 비확산센터, 제프리 루이스)

> "화성15형 발사는 북한의 미사일이 미 본토 어디든 도달할 수 있다는 능력을 보여주었다."(하버드-스미스소니언 천체물리학센터, 조너던 맥도웰)

> "북한은 적은 무게의 탄두로 미 전역에 도달할 수 있는 미사일 능력을 보여주었다."(참여과학자연대, 데이비드 라이트)

화성15형 시험발사 다음 날 미국의소리방송(VOA)이 미국의 저명한 미사일 전문가들을 인터뷰한 내용들이다. 미국의소리방송은 미 연방정부가 재정을 부담해서 운영하는 방송이다. 제2차 세계대전이 한창이던 1942년 나치 독일 국민을 상대로 방송을 하기 위해 만들어졌고, 1999년에 미 연방정부로부터 독립했다. 비록 미 연방정부의 공식 입장을 내보내는 매체는 아니지만 그렇다고 '찌라시'로 치부할 만한 신뢰성 없는 매체는 아니다.

따라서 미국의소리방송에서 인터뷰한 전문가들의 평가는 '최소치'라고 보아야 할 것이다. 2017년 11월 화성15형 시험발사를 통해 북한은 사실상 미 전역을 사정거리로 둔 ICBM을 완성했다고 보는 것이 타당하다. 북한이 국가핵무력 완성을 선포하고 스스로 '전략국가'의 지위에 오르게 됐다고 평가하는 것이 전혀 근거 없는 것은 아닌 셈이다.

물론 미국 정부 일각에서는 북한의 ICBM이 완성되지 않았다는 평가가 나오기도 한다. 북한의 ICBM 보유 사실을 인정하고 싶지 않았던 것이다. 그러나 북한이 핵과 ICBM을 보유하게 됐다는 사실은 부인할 수 없다.

북한은 2017년 12월 '미국을 핵으로 위협할 수 있는 전략국가'가 됐다고 발표했다. 힘의 논리가 지배하는 냉혹한 국제정치의 현실을 감안한다면 2018년 전격적으로 북미 정상회담이 합의된 것은 우연한 일이 아니다. 대부분의 사람들은 북한이 태도를 바꾸어 비핵화에 나오고 있다는 사실에만 주목하고 태도 변화의 원인에는 주목하지 않는다. 미국의 전방위적인 대북 제재 때문이라는 분석이 지배적이다. 그러나 대북 제재 때문에 북한이 비핵화 협상에 임하고 있다는 것은 단면적 접근이다.

북한은 '미국을 핵으로 위협할 수 있는 군사력을 보유했다'는 자신감에 기초해서 미국과의 평화 담판에 나서고 있다. 미국은 2018년 들어 '핵으로 미국을 위협할 수 있는 북한의 능력'에 주목하고 '북한의 그런 능력을 제거하는 것'이 북미 회담의 목표라고 공개적으로 밝히고 있다. 북미 사이에 핵을 중심으로 한 힘의 관계 변화가 북미 회담의 근원이다.

문제는 한미동맹에 입각한 사고가 이 같은 변화된 현실을 제대로 보지 못하게 하고 있다는 사실이다. 한미동맹은 북한의 핵과 미사일 개발을 '군사 도발'로만 인식하게 함으로써 '있는 그대로의 북한'을 보지 못하게 우리의 시각을 왜곡시킨다. 한미동맹은 한반도 핵문제에 대한 균형적 인식을 방해하여 핵문제의 평화적 해결과 한반도 평화체제를 구축할 수 있는 합리적이고 실현가능한 프로세스에 접근하지 못하도록 기능한다.

이제 한미동맹이 북핵 문제 해결에서 어떤 역할을 해왔는지 더욱 진지한 검토가 필요한 시기가 됐다.

3. 한미동맹, 균열이 시작되다

미국에서 등장한 '동맹 이탈' 목소리

우리는 북한의 단거리 미사일보다 장거리 미사일에 더 주목해 왔다. 장거리 미사일을 발사하다가 단거리 미사일을 발사하면 '북한의 도발 수위가 낮아졌다'고 인식한다. 북한과 관련하여 '합리적 사고 마비'를 보여주는 대표적 현상이라고 할 수 있다.

일본을 향하는 중거리 미사일, 미국을 향하는 장거리 미사일은 우리 안보에 위협이 되지 않는다. 오히려 단거리 미사일이 우리에겐 치명적이다. 그럼에도 북한의 장거리 미사일에 더 민감하게 반응했던 것은 미국에 대한 위협을 우리에 대한 위협으로 간주하는 사고가 지배했기 때문이다. 좀더 정확하게 말한다면 미국의 안보와 한국의 안보를 동일시하는 동맹 논리가 우리의 사고를 지배하고 있기 때문이다.

2017년부터 '디커플링'(de-coupling)이라는 단어가 미국 외교가에서 등장하기 시작했다. 한국과 미국이 동맹이라는 틀로 '커플링'되어 있었는데, 이제 이것을 분리[de]하자는 것이다. 주지하다시피 2017년 미국은 미국 본토를 위협하는 북한의 ICBM 개발을 저지하는 데 주력해왔다. 그 방법론으로 대북 선제공격을 할 것인가, 대화를 할 것인가를 저울질해왔다.

미국의 입장에서는, 군사적 해법과 외교적 해법의 선택권은 오직 미국이 보유해야 한다. 그런데 문재인 대통령은 2017년 8월 15일 광복절 경축사에서 "한반도에서의 군사행동은 대한민국만이 결정할 수 있고 누구도 대한민국의 동의 없이 군사행동을 결정할 수 없다"라고 못을 박았다. 군사적 해법과 외교적 해법 모두를 검토하고 있던 미국에게 문재인 대통령의 이 같은 발언은 미국의 선택지를 좁히는 것이었다. 미국 외교가에서 디커플링 논의가 본격화된 이유였다.

미국이 군사적 해법을 선택할 경우 동맹국인 한국의 반대로 '정책 결정권'이 침해받을 수 있기 때문에 '동맹국의 의사와 무관하게' 군사적 해법을 추구할 수 있는 권한을 확보해야 하며 그것을 위해 '디커플링'을 불사해야 한다는 것이다. 당시 미국 내에서 회자됐던 디커플링의 방법론은 두 가지로 제시됐다. 하나는 중국과 협력하여 북한 체제를 붕괴시키는 프로세스를 진행하고, 중국의 우려를 해소하기 위해 주한미군을 철수시키자는 방안이다. 다른 하나는 미 본토에 대한 북한의 위협이 현실화되고 있으니 주한미군을 철수하라는 북한의 요구를 수용하고 북한으로부터 ICBM 포기를 약속받아 미 본토의 안전을 확보하는 것이었다. 전자는 중국과의 협상을 위한 디커플링이고, 후자는 북한과의 협상을 위한 디커플링이라고 할 수 있다.

북한 체제 붕괴 프로세스에 중국이 동의하지 않을 것이기 때문에, 또한 트럼프 정부가 주한미군의 즉각적인 철수에 동의하지 않을 것이기 때문에 미국 외교가에서 회자됐던 디커플링은 눈앞에 닥친 현실의 문제는 아니다. 그러나 분명한 것은 미국이 자국의 안보와 안전 그리고 이익을 위해 모든 방법 - 디커플링이라는 탈동맹까지 포함하여 - 을 모색하고 있었다는 사실이다.

이에 반해 한국에서의 논의는 참으로 안타까운 수준이다. 문재인 대통령에게까지 정치외교적 영향을 미치고 있는 모 교수는 북한 붕괴를 위해 중국과의 협력을 전제로 하는 디커플링은 "틀렸다"고 단언했다. 맞다. 중국과의 협상을 위한 디커플링은 불가능하다. 그러나 그 교수는 북한과의 협상을 위한 디커플링에 대해서는 "패권국 미국의 종언을 알리는 신호탄이자 도덕적 해이의 극치로 남을 것"이기 때문에 "현실적으로 쉽지 않다"고 결론 내린다. 그것도 맞다. 미국이 그 같은 결론을 내리는 것은 현실적으로 쉽지 않다.

그 교수가 언급했던 미국의 도덕적 해이 행위는 이미 빈번하게 나타났다. 중동 문제에서, 시리아 문제에서, 인종 문제에서 그리고 국제무역과 생태 환경 문제에서 일방주의적인 정책을 추진해 왔고, 그런 행위는 패권국 미국의 지위에도 맞지 않고, 도덕적 해이의 극치로 이미 악명을 얻고 있다. 저명한 국제정치학자가 그 같은 사실을 모를 리 없다.

따라서 "북한과의 협상을 위한 디커플링이 현실적으로 쉽지 않다"라는 그 교수의 말은 결국 한미동맹이 지속돼야 한다는 것을 전제하고 있는 것이라 할 수 있다. 한미동맹을 지고지순한 최고의 가치로 여기고, 모든 것을 미국에 의존하려는 냉전 수구세력을 굳이 언급하고 비판할 필요는 없다. 다만, 합리적이고 실용적으로 평가받는 전문가 집단조차 동맹 절대화 신화에 빠져있다면 한국 정부의 외교는 암울할 수밖에 없다.

아무리 부정하고 싶어도 디커플링은 이미 시작됐다는 현실을 인정해야 한다. 미국 외교정책 결정자들의 사고 속에 디커플링이 이미 자리를 잡았다면 앞으로 그 같은 사고는 더욱 커질 것이다. 동서고금을 막론하고 그 어느 동맹국도 자국의 안보와 이익을 뒤로 한 채 동맹국의 안보와 이익을 우선한 사례는 없다. 그동안 동맹국의 안보와 이익이 자국의 안보와 이익을 침해하지 않았기에 미국의 동맹정책이 우리와 크게 충돌하지 않았을 뿐이다. 그러나 현재의 한반도 상황은 미국과 한국의 이익이 충돌하는 구조적 변동기에 접어들었다고 할 수 있다. 미국 내에서 디커플링이 논의되는 것은 자연스러운 현상이다.

이미 디커플링이 시작됐다는 현실을 외면하고 한국의 외교를 정상적으로 추진해 갈 수 없다. 한미동맹의 미래 역시 우리가 주도할 수 없게 된다. 미국에서 디커플링이 검토된다면 우리는 그보다 더 적극적으로 디커플링을 검토해야 한다. 한미동맹에 대한 모든 가능성을 열어두고 한국 외교의 방향을 재정립해 나가야 할 때가 됐다.

평창에서는 평화가, 하와이에서는?

2018년 2월 중순 하와이 미군기지에 합참의장 등 미군의 주요 지휘관들이 집결했다. 북한을 기습공격하라는 명령이 떨어지면 어떻게 움직이고 타격할 것인가를 논의하는 '테이블-톱 군사연습'(table-top exercise)을 진행하기 위해서였다.

세세한 내용은 기밀사항이기 때문에 언론에 공개되지 않는다. 그러나 뉴욕타임스 등의 기사를 종합하면 당시 어떤 분위기 속에서 진행됐는지 대략 상황파악은 된다. 미군 지휘관들은 이번 군사연습을 통해 '북한의 은폐된 군사시설에 대한 기습공격을 방해하는 많은 장애물이 있다는 것'을 알게 됐다. 아울러 '전쟁을 개시하는 즉시 1만 명의 미군 병사가 부상당한다'라는 결론이 나왔다고 한다.

이 군사연습에 참가했던 한 지휘관은 "이 전쟁의 참혹성은 생존 병사들의 경험을 초월한다"라고 말했다고 전해진다. 전쟁에서 살아남은 병사들만큼 전쟁의 참혹성을 정확하게 증언해줄 수 있는 사람은 없다. 따라서 '생존 병사들의 경험을 초월한다'는 것은 북한과 미국의 전쟁은 생존 병사들조차도 이 전쟁의 참혹성을 정확하게 증언할 수 없을 정도로 끔찍한 결과가 나올 수 있다는 뜻으로 들린다.

그 때문이었을까. 4월 한미 군사훈련이 재개됐을 때, 한국에 있는 미국인을 미 본토로 대피시키는 훈련이 포함됐다고 한다. 해외 주둔 미군을 대상으로 미 국방부가 발행하는 매체인 성조지(Stars and Stripes)는 이 대피훈련을 "가장 끔찍한 악몽 같은 시나리오"(its worst nightmare scenarios) 중의 하나라고 표현했다. "이 전쟁의 참혹성은 생존 병사들의 경험을 초월한다"라는 어느 지휘관의 발언과 오버랩된다.

이와 같은 일련의 상황 속에서 우리는 몇 가지 중요한 사실을 확인할 수 있다. 첫째, 미국은 남북 대화와 협력이 진행되고 있던 그 순간에도 북한에 대한 '선제공격 시나리오'를 검토하고 있었다. 둘째, 미국은 자신의 대북 선제공격이 쉽게 성공하지 못할 수 있다는 사실을 확인했다. 셋째, 미국은 만약 전쟁이 발생한다면 자신에게 재앙적 결과가 초래될 수 있다는 사실을 인식하기 시작했다.

미국이 검토했던 것은 선제적인 기습공격이었다. 1941년 일본군이 하와이 진주만을 공습했던 바로 그 기습공격 말이다. 한미동맹은 북한의 남침을 억지하고 북한군을 격퇴시키는 것을 목표로 한다. 기습공격은 한미동맹의 목표에 어긋나는 행동이다. 이미 문재인 정부는 한반도에서 어떠한 형태의 전쟁도 안 된다고 못 박아둔 상태였고, 남과 북은 그동안 겨누고 있던 총부리를 잠시 내리고 평화의 축전을 함께 벌이고 있었다. 바로 그 시점에 미국은 방어가 아닌 선제공격 연습을 진행하고 있었던 것이다.

그러고 보니 2017년 트럼프 정부 들어서면서부터 이상한 기운이 감지되긴 했다. 미국 내의 외교가는 대북 선제공격론과 대북 대화론이 치열하게 맞붙고 있었다. 트럼프 대통령이 취임하고 오바마 정부가 추진했던 '대북 전략적 인내' 정책을 더 이상 추진하지 않겠다고 선언하면서부터 말이다.

미 공화당 상원의원인 린지 그레이엄이 2017년 12월 15일 한 매체와의 인터뷰에서 "미 본토를 위해 그곳에서 북한과 싸우는 것"이라면서 "미군도 그것을 원하고, 그러한 위험을 감수할 서명을 했다"라고 발언했다. 그레이엄은 2017년 8월에는 "만약 전쟁이 난다면 한국에는 끔찍한 일이지만, 그곳에서 나는 것이다. 수천 명이 죽더라도 거기서 죽는 것이지 여기서 죽는 것이 아니다"라는 트럼프의 발언을 소개한 인물이다.

그레이엄의 발언이 단지 개인적 발언일 수도 있고, 그레이엄을 통해 트럼프의 발언이 왜곡되거나 과장됐을 가능성도 있다. 그러나 존 볼튼 전 미국 유엔 대사의 "북한 공격 외에는 대안이 없다. 한국민보다 미국민 보호가 우선이다"라는 발언이 나오고 있다는 것은 최소한 미국 내의 대북 강경파들 사이에서 북한에 대한 선제공격 논의가 활발하게 이루어지고 있다는 것을 의미한다.

여기서 우리는 굉장히 중요한 사실 하나를 발견하게 된다. 미국 대통령 및 주요 정책 결정자들 심지어 공직을 갖지 않은 다수의 민간 전문가들 사이에서도 미국 본토 방어라는 단어가 등장했다는 점이다. 그레이엄 의원은 '미 본토를 위해' 북한과 싸우자고 말한다. 지금은 트럼프의 국가안보보좌관이 된 볼튼 역시 '한국민보다는 미국민 보호'가 우선이라고 주장한다.

미국이 북핵 위협을 미 본토 차원의 문제로 인식하기 시작한 것은 2016년부터였다. 해마다 10월에 한미 국방부장관은 한미연례안보협의회(SCM)를 열고 한미동맹의 중요한 내용들을 협의한다. 2016년 한미 SCM에서 미국의 국방부장관은 "자국 또는 동맹국에 대한 그 어떤 공격도 격퇴될 것"이라고 하여 미 본토 방위의 필요성을 역설했다. 그리고 2017년 4월 26일 트럼프 정부는 대북정책을 발표하면서 미 본토 안전을 다시 한 번 강조했다.

다시 2018년 2월 하와이 군사연습으로 가보자. 미국이 기습공격을 검토한 이유는 미 본토를 지키기 위해서다. 즉 미 본토를 위협하는 북한의 핵과 미사일 시설을 파괴하기 위한 것이었다. 그들이 확인한 것처럼 그것이 현실화되면 재앙적 상황이 발생한다. 그 재앙은 미국에게만 해당되지 않는다. 전쟁 개전 초기에 1만 명 이상의 미군 사상자가 발생한다면, 한국군과 한국민들의 피해는 그보다 더 클 수밖에 없다.

미국은 한국의 안보를 지키지 않는다

이것이 바로 트럼프 정부가 북핵을 대처하는 방법이었다. 미국은 무엇보다 군사적 방법을 우선해서 검토했다. 동맹국인 한국의 평창에서 '평화 올림픽'이 진행되는 것은 중요하지 않았다.

다행히 미국은 2018년 북미 정상회담을 통해 북핵 문제의 평화적 해법에 착수했다. 미국이 평화적 해법에 착수한 이유는 한국의 안보와 이익이 아니라 미국의 안보와 이익 때문이라는 사실을 분명히 인식해야 한다. 동맹국 한국의 안보를 최우선에 두는 미국은 더 이상 존재하지 않는다. 또한 동맹국 한국의 안보와 미국의 안보가 일치하는 경우 역시 더 이상 존재하지 않는다.

미국은 한반도 안전과 평화가 아니라 미 본토의 안전과 평화를 우선한다. 우리는 미 본토의 안정과 평화보다는 한반도의 안전과 평화를 우선한다. 한미동맹을 최우선의 가치에 두어야 하는 시대는 사라지고 있다.

미국에게 북핵은 두 차원의 의미를 갖는다. 동맹국의 안보를 위협하는 북핵이 첫 번째 차원이라면, 자국의 안보를 위협하는 북핵이 두 번째 차원이다. 핵탄두를 장착한 미사일이 미 본토를 타격할 가능성이 없을 때 북한의 핵은 동맹국의 안보를 위협했을 뿐이다. 그러나 북한이 ICBM을 개발하는 순간 북핵은 미국의 안보를 위협하는 요소로 그 성격이 변한다. 북핵의 성격 변화는 곧 미국의 북핵 접근법을 변하게 한다.

2018년 미국이 북한과의 협상에 착수한 것은 한반도의 안전과 평화 때문이 아니다. 북미 대화가 시작되고 의미있는 합의가 이루어지고 이행된다면 한반도에서는 더욱 안전하고 평화로운 환경이 만들어질 것이 분명하다. 그러나 미국의 목표는 미 본토의 안전이다. 한반도의 안전과 평화는 그 결과일 뿐이다. 미국이 북한과 협상에 나선 이유는 한반도의 안전과 평화가 아니라 미 본토의 안전과 평화가 파괴될 것을 우려했기 때문이다.

우리는 '우리가 바라는 미국'이 아니라 '있는 그대로의 미국'을 보아야 한다. 북핵이 동맹국의 안보를 위협하는 차원에 머문다면 한국과 미국의 이해관계는 일치할 수 있다. 그러나 북핵이 미 본토를 위협하는 순간 한국과 미국의 이해관계는 충돌할 수밖에 없다. 동맹국의 안보와 자국의 안보 가운데 하나를 선택해야 한다면 미국의 선택은 단연코 자국의 안보일 것이다.

미국은 더 이상 한국 안보의 '후견국'이 아니다. 이제 미국은 동맹국의 안전을 우선 고려할 여유가 없다. '우리의 안보를 지켜주는 미국'은 더 이상 존재하지 않는다.

북한과
미국은
친구가 될 수
있을까

Ⅲ

한국, 미국과
동맹하다

1. 냉전, 동맹을 부르다

원숭이와 바나나 실험

원숭이 다섯 마리가 뛰놀 수 있는, 약간은 넉넉한 방이 있다. 방 가운데에는 원숭이가 충분히 오를 수 있는 사다리 하나가 놓여있다. 그 사다리 꼭대기에는 바나나가, 웬만한 원숭이라면 멀찍이부터 냄새를 맡고 군침을 흘릴 만큼 맛있는 바나나가 하나 놓여있다. 코가 가장 발달되고, 동작이 가장 빠른 원숭이가 바나나를 먹기 위해 사다리를 오른다.

그런데 이게 웬일인가. 선수를 빼앗겨 망연자실 쳐다보고 있는 나머지 네 마리의 원숭이들에게 차가운, 웬만한 원숭이는 참을 수 없을 만큼 지독하게 차가운 물줄기가 뿌려진다. 네 마리 원숭이는 이내 상황을 파악한다. 코가 가장 발달되고, 동작이 가장 빠른 원숭이 '때문에' 차가운 물줄기 공격을 받고 있는 상황 말이다. 이들의 선택은 간단했고, 동작은 빨랐다. 사다리를 오르는 원숭이는 사다리 꼭대기에 채 닿기 전에 나머지 네 마리의 원숭이들에 의해 강제로 끌려 내려온다.

잠시 숨 고를 시간도 없이 다른 원숭이 한 마리가 바나나의 유혹을 이기지 못해 사다리를 오르고, 나머지 원숭이들에게 차가운 물줄기가 가해지고, 그 원숭이는 또 다시 끌려 내려온다. 상황은 반복되고, 어느 순간 '우리 모두의 행복을 위해 사다리를 오르지 말자!'라는 불문율이 만들어진다.

그러나 행복은 오래 지속되지 않는다. 한 마리의 원숭이가 죽고, 다른 원숭이가 이사를 왔다. '신입 원숭이 1'이 불문율을 알 까닭이 없다. 또한 그 역시 냄새를 맡을 수 있는 코가 있고, 사다리를 오를 수 있는 튼튼한 손발을 갖고 있다. 또 다시 차가운 물줄기 세례를 받는 고통이 반복되는 것이 싫었던 나머지 네 마리의 원숭이들은 사다리를 오르려는 '신입 원숭이 1'을 가로막는다. '신입 1'은 영문을 알 턱이 없었지만 어느 순간 불문율을 습득하게 된다.

기존의 네 마리 원숭이 중 한 마리가 또 죽고 '신입 원숭이 2'가 이사를 왔고, 상황은 반복된다. 불문율을 습득하게 된 '신입 1'도 '신입 2'가 사다리를 오르는 것을 가로막는 데 동참한다. 다섯 마리 원숭이 사회가 행복을 회복하는 데는 좀 더 많은 시간이 필요했다. 기존의 원숭이가 모두 죽고 다섯 마리 원숭이 사회가 '신입 원숭이' 다섯 마리로 채워질 때까지 말이다.

'신입 원숭이들'은 단 한 번도 지독하게 차가운 물줄기를 경험해보지 않았음에도 어느 순간 불문율을 습득하게 됐다. 오직 '신입 원숭이들'만 존재하는 상황에서도 다른 원숭이가 사다리를 못 오르게 하거나 더 나아가 스스로 사다리 오르기를 포기하게 됐다. 그렇게 다섯 마리 원숭이 사회는 '행복'을 되찾게 된다.

『시대를 앞서가는 미래경쟁전략』(Competing for the Future)이라는 책에 나오는 '원숭이와 바나나 실험'을 약간 각색한 것이다. 이 실험은 우리에게 몇 가지 질문을 던진다. 그 질문은 첫째, 바나나와 관련되어 있다. 바나나는 원숭이가 추구하는 목표. 그래서 이런 질문이 가능해진다. "우리가 포기했던 바나나는 과연 무엇이고 어디에 있을까?" 둘째, 원숭이에게 주목했을 때 나오는 질문이다. 이 실험에서 원숭이들이 습득한 불문율은 '관습과 고정관념'을 상징한다. 원숭이에 주목하게 되면 "어떻게 관습과 고정관념에서 벗어날 것인가"라는 질문을 할 수 있다.

그런데, 바나나에 주목하건 원숭이에 주목하건 개별 행위자의 '자기 계발'이라는 동일한 결론에 도달하게 된다. 결국 개별 행위자들이 '대오각성'해서 관습과 고정관념에서 탈피하여 포기했던 바나나를 찾아 나서야 한다는 '도덕적, 당위적 결론' 말이다.

바나나와 원숭이에 비해 상대적으로 주목을 덜 받아 왔지만, 이 실험에서 주목해야 할 것이 또 있다. 도대체 차가운 물줄기는 무엇이고 어디서 온 것인가 하는 것이다. 차가운 물줄기는 원숭이의 행동과 사고에 결정적인 영향을 미친다. 그 같은 고통이 없었다면 아마도, 가장 빠른 혹은 가장 힘센 원숭이가 바나나를 독차지했을지 모른다. 혹은 다섯 마리의 원숭이가 바나나를 사이좋게 나누어 먹었을 수도 있다. 전자는 100% 경쟁사회를, 후자는 100% 협력사회를 상징한다고 할 수 있다.

원숭이가 사다리를 오르려 할 때마다 반복되는 차가운 물줄기 공격은 사다리 오르기를 포기하도록 하는 방향으로 원숭이의 사고를 유도한다. 결국 물줄기 공격은 사다리 오르기 즉 바나나를 포기해야 행복해진다는 사고로 이어진다.

차가운 물줄기는 자연적으로 주어진 것이 아니다. 원숭이들은 '원래 존재했던 것'으로 생각할지 모르지만, 그것은 실험자들이 만들어놓은 '인위적 장치'이다. 그런 사실을 원숭이들이 모를 뿐이다. 차가운 물줄기라는 인위적 장치가 원숭이들의 행동과 사고를 지배하게 됐고, 원숭이들은 바나나를 포기해야 행복하다는 비정상적인 상태를 정상적인 것인 양 받아들였다.

차가운 물줄기가 뿌려지는 상황이 지속되는 한, 설령 바나나가 더 가까운 곳에 있어도, 설령 그중 한 마리의 원숭이가 '관습과 고정관념'에서 탈피하더라도 원숭이들의 행동과 사고는 좀처럼 바뀌지 않을 것이다. 차가운 물줄기를 본래 주어진 것으로 받아들이는 이상, 원숭이들에게는 더 나은 삶이 가능하지 않을 것이다.

미국 패권 초기, 동맹은 없었다

한미동맹을 금과옥조로 여기는 관행이 한국 사회를 지배하고 있다. 미국이 한미동맹을 절대 포기하지 않을 것이라는 환상 역시 존재한다.

그러나 한미동맹을 바라보는 우리의 태도가 혹시 '관습과 고정관념'의 산물은 아니었는지 자문해볼 필요가 있다. 위의 실험에 등장하는 원숭이의 모습이 우리의 모습이 아니었는지 돌아봐야 한다.

미국과 관련해서 가장 흔한 그리고 가장 치명적인 인식상의 오류는 미국의 대외정책을 고립주의와 개입주의로 구분하는 경향이다. 고립주의는 국제 이슈에서 발을 빼려는 시도로 정의되고, 개입주의는 국제 이슈에 발을 들이밀려는 시도로 정의된다. 우리는 1823년 미국의 대통령 제임스 먼로가 발표한 '먼로 독트린'을 고립주의 선언으로 이해한다. 그리고 1898년 미-스페인 전쟁의 결과로 괌과 필리핀을 획득한 이후 개입주의적 외교노선으로 전환했다고 알고 있다.

그러나 먼로 독트린은 아메리카 대륙에 대한 미국의 독점적 우월권을 선포한 것으로 이해하는 것이 합당하다. 1853년 미국의 페리 함대가 일본의 개항을 요구하고, 1871년 또 다른 미국의 함대가 강화도에서 일으킨 신미양요 사건은 고립주의 외교에서 이탈했던 이례적 사건이 아니었다.

개입주의 역시 마찬가지다. 1차 세계대전 당시 영국, 프랑스 등의 연합국에 군수물자를 제공하면서 전쟁 특수를 누리고 있던 미국은 독일의 무제한 잠수함 작전으로 미국 상선이 공격을 당하자 독일과의 전쟁을 선포하고 1차 세계대전에 참전했다. 여기까지는 개입주의 노선에 부합한다. 그러나 미국은 1차 세계대전 직후 전쟁의 재발을 막기 위해 창설한 국제연맹에 가입을 거부한다. 고립주의적 경향성을 보인 것이다.

모든 나라들이 그렇듯 미국 외교의 목표는 국가 이익의 극대화다.

국가 이익을 극대화하는 데서 고립주의가 필요하면 고립주의를 하는 것이고 개입주의가 필요하면 개입주의를 하는 것이다. 미국의 저명한 정치학자인 헨리 키신저가 미국의 외교를 고립주의와 개입주의가 뒤섞인 이중외교라고 지적한 것은 타당하다.

정작 주목하지 않았던 그러나 주목해야 할 미국 외교의 전통은 팽창주의적 경향성이다. 미국이 자랑해왔던 프런티어 정신은 서부로의 영토 확장이었다. 먼로 독트린은 아메리카 대륙을 향한 팽창 의사의 표현이었다. 그 후 미국은 아시아태평양으로, 유럽으로 그리고 전 지구적으로 자신의 야망을 투사하기 시작했다. 미국 외교가 일관적으로 보여주었던 전통은 팽창이었다.

또 하나 주목해야 할 것은 미국인들의 선민의식이다. 영국의 식민지 시절부터 미국은 신의 선택을 받은 특수한 나라라는 믿음이 있었다. 그도 그럴 것이 유럽에서 종교 박해를 받고 아메리카 대륙으로 건너온 청교도들은 당시 미국을 하느님이 세운 '언덕 위의 도성'(City upon a Hill)으로 인식했다. 모든 것을 선과 악으로 구분하는 종교적 대립구도 그리고 그에 기초한 역사관이 미국인들의 사고를 지배했다. 그들은 미국의 종교적 이상주의를 세계에 전파하는 것을 '명백한 운명'(Manifest Destiny)으로 받아들였다.

팽창주의 경향성과 선민의식의 결합으로 확립된 미국 외교의 전통은 19세기 중엽에 들어서면서 발달된 산업자본주의와 결합했고, 미국은 유럽 열강들과 마찬가지로 제국주의적 침략의 길에 들어선다. 따라서 1898년 미-스페인 전쟁 이후 미국이 팽창주의로 접어들었다는 것은 원인과 결과가 뒤바뀐 인식이다. 19세기 후반부터 미국의 팽창주의 지향은 더욱 강화됐고, 미-스페인 전쟁은 그 결과였다. 물론 20세기 초엽부터 미국이 적극적인 팽창주의의 길로 간 것은 분명한 사실이다. 따라서 1차 세계대전과 제2차 세계대전은 미국에게는 대단한 축복이었다. 아시아태평양지역은 말할 것도 없고 팽창주의와 제국주의의 본고장이라고 할 수 있는 유럽까지 미국이 개입할 수 있는 기회를 제공했기 때문이다.

게다가 제2차 세계대전은 미국의 외교가 팽창주의에서 패권주의로 나아가는 결정적 계기가 됐다. 미국을 제외한 모든 잠재적 패권국들은 제2차 세계대전을 거치면서 사실상 파산 상태에 놓였다. 영국의 국가 재산은 4분의 1이 소진됐다. 소련은 4,000만 명이 사망했다. 패전국 독일과 일본은 산업시설이 해체됐고, 군대 보유가 금지됐다. 프랑스와 중국(장개석의 국민당 정부)은 피폐해진 자국의 정치적 상황과 경제 재건을 위해 미국에 의존해야 했다.

미국은 제2차 세계대전 과정에서 미국이 주도하는 세계 자본주의 질서를 수립하기 위한 거대한 계획에 착수했다. 미국 록펠러 재단으로부터 지원을 받은 '전쟁과 평화 연구'라는 특별한 프로젝트가 1939년부터 시작됐다. 전쟁과 전쟁 후의 평화를 수립하는 과정에서 수행해야 할 미국의 정책을 조언하기 위해서였다. 이 연구를 수행한 집단은 우리나라 언론에도 종종 등장하는 미국외교협회(CFR : Council on Foreign Relations)였다.

CFR은 연구보고서에서 미국의 국익을 전 지구적 차원에서 설정했다. 즉 전 지구적 범위에서 미국이 주도하는 자본주의 질서를 수립한다는 것이다. 미국의 국익을 전 지구적으로 투사할 수 있는 국제질서를 구축하는 데서 유럽의 독일과 아시아의 일본이 당면한 최대의 장애물이었다. 그런데 유럽에서 독일의 팽창을 저지하고 있던 영국도, 아시아에서 일본의 팽창을 저지하고 있던 중국도 힘에 부치는 상황이었다. 초기에 추진됐던 것처럼 영국과 중국에 군사 물자를 지원하는 소극적인 개입으로는 미국의 목표를 달성할 수 없다는 결론이 내려졌다. 미국이 독일과 일본과의 전쟁에 본격적으로 참여하게 된 배경이다.

일본의 진주만 습격이 없었더라도 미국은 일본과의 전쟁을 준비하고 있었다. 일본의 진주만 공습은 미국의 대일 참전의 배경이 아니라 촉매제였을 뿐이다. 진주만 습격은 미국 정부가 CFR의 조언을 받아 대일전에 참전할 수 있는 아주 좋은 명분이 됐다. 미국이 일본에 선전포고를 하자 일본의 동맹국인 나치 독일 역시 미국에 선전포고를 함으로써 미국은 유럽과 아시아에서 동시에 전쟁에 참여하게 됐다.

미국의 참전은 유럽과 아시아 두 지역에서 전세를 뒤집기에 충분했다. 이제 미국은 전후 질서 수립을 준비했다. 당시 미국 대통령이었던 프랭클린 루즈벨트가 미 국무부에 전후 정책 구상 수립을 지시하고, CFR이 이 작업을 주도했다.

우선 미국은 패권 수립을 위한 경제적 기초부터 다지기 시작했다. 브레튼우즈 체제가 그것이다. 미국 달러를 기축통화로 하는 금본위제가 실시됐다. 금 1온스의 가치는 35달러로 고정됐고, 그 외의 모든 다른 나라의 통화는 달러에 고정됐다. 국제 금융 질서가 미국 화폐인 달러를 중심으로 재편된 것이다. 이는 곧 미국이 국제경제를 움직이는 중심축이 됐음을 의미한다.

비록 소련을 중심으로 한 사회주의 경제권 때문에 전 지구적 차원에서 미국 중심의 자본주의 질서를 만들어내지는 못했지만 자본주의 국가들은 미국의 경제적 통제권 아래 놓이게 됐다. 이것은 바로 CFR이 구상한 것이었다.

한편 미국은 전후 정치 질서를 빠르게 구축했다. 미국 정부는 CFR의 조언에 따라 유엔 헌장 초안을 만들었고, 1945년 6월 26일 50개국의 서명으로 유엔 헌장이 채택되었다. 유엔 헌장이 천명한 유엔의 목적은 '국제 평화와 안전 유지'였다. 다시는 제2차 세계대전과 같은 끔찍하고 참혹한 전쟁이 반복되지 않도록 하자는 것이었다. 그러나 그것은 CFR이 설정한 표면적 이유였다. 미국의 목표는 자국 중심의 자본주의적 질서를 만드는 것이었다. 따라서 미국의 입장에서 유엔은 브레튼우즈 체제에서 확립한 자본주의적 질서를 유지하고 관리하는 기능을 수행하는 기구였다. 미국의 국익에 방해가 되는 정치적 요소를 제거하고, 미국의 국익에 도움이 되는 정치적 조건을 강제해 내는 것이 미국이 설정한 유엔의 역할이었다. 즉 미국은 유엔을 통해 미국 패권의 정치적 기초를 형성한 것이다.

세계 패권을 위한 경제적·정치적 기초를 다진 미국이 착수한 다음 작업은 패권의 군사적 기초를 다지는 것이었다. 이미 미국은 제2차 세계대전 직후 압도적인 군사력을 보유하고 있었다. 수십 척의 항공모함과 1,000척이 넘는 군함, 2,000여 대의 중거리 폭격기와 1,000여 대의 장거리 폭격기를 보유하고 있었다. 게다가 '절대무기'라고 평가받는 핵무기를 보유한 유일한 국가였다.

제2차 세계대전 직후 미국 패권의 군사적 기초는 핵무기 독점권에 기초한 압도적인 군사력이었다고 볼 수 있다. 그런데 냉전이 고착화되면서 미국 패권의 원천은 강력한 군사력 외에 군사동맹이 포함됐다. 미국이 패권의 기초를 다지던 초기에 군사동맹은 고려되지 않았는데 말이다. 또한 냉전의 구도 역시 지배적이지 않았다.

그렇다면 냉전은 언제부터 본격화됐고, 군사동맹은 어떤 과정을 통해 미국 패권의 중요한 요소가 됐던 것일까.

미소 냉전으로 탄생한 동맹

미국이 제2차 세계대전에 참전하면서부터 소련은 '계륵'과 같은 존재가 되었다. 전쟁에 이기기 위해서는 소련과 손을 잡아야 했지만, 소련은 독일과 일본이 패망한 이후에는 미국의 이익을 침해할 가장 위협적인 사회주의 국가였다. 그러나 선택의 여지는 없었다. 눈앞의 이익 즉 전쟁에서의 승리가 우선이었다.

1945년 초 미국은 또 한번 선택의 기로에 놓였다. 이탈리아는 이미 항복을 했고, 독일은 항복 직전이었으며, 일본도 사실상 패전의 분위기가 역력한 상황에서 미국은 전후 세계질서를 구상했다. 루즈벨트는 일부 미국인들의 반대에도 불구하고, 소련과의 협력을 바탕으로 전후 질서를 구축하기로 결심했다. 소련 역시 미국을 의심의 눈초리로 쳐다보기는 했지만 미국의 정책에 동조하기로 결정했다. 한때 독일이 점령했던, 그러나 이제 독일에서 해방된 크림반도의 얄타에서 미국과 소련 그리고 영국 정상이 회동하는, 그 유명한 얄타회담이 개최됐다.

여기서 3국 정상은 독일을 분할 점령하기로 합의하고, 장개석의 국민당 정부를 중심으로 아시아 질서를 구축하기로 합의했다. 비록 루즈벨트가 중간에 사망함으로써 소련에 대해 강경한 입장을 갖고 있던 트루먼이 미국의 외교정책을 집행하고, 경제 등 일부 영역에서 미국과 소련 사이에 마찰이 있기는 했지만, 얄타회담에서 합의된 전후 구상은 큰 흔들림 없이 현실화되어 갔다. 전후 초기 냉전은, 비록 잠재적 가능성을 갖고 있었을지언정, 본격화되지 않았다.

미국의 대소 정책이 협력에서 봉쇄로 전환되는 데는 몇 가지 결정적 계기가 되는 사건이 있었다. 첫째, 모스크바 주재 미국 외교관이었던 조지 케넌의 장문의 보고서(long telegram: 긴 전보)였다. 여기서 케넌은 자신이 직접 목격한 것에 기초해서 소련은 그렇게 강력한 국가는 아니며, 미국과 지속적으로 협력할 것을 기대해서도 안된다고 주장했다. 따라서 미국은 소련의 영향력이 더 확장되지 못하도록 봉쇄정책을 추진해야 한다고 제안했다.

그때까지만 해도 미 국무부 내에서는 소련과의 협력이 가능하다는 생각이, 지배적이지는 않으나, 상당히 강했다. 따라서 케넌의 '긴 전보'는 미 국무부 내에 상당한 충격을 주었다. 케넌의 긴 전문은 미국 외교가의 필독서가 됐고, 케넌은 1947년 4월 미 국무부에서 신설 정책기획실장(Chief of Policy Planning Staff)이 됨으로써 사실상 대소 봉쇄 정책을 핵심으로 하는 미국 외교정책을 좌지우지하게 되었다.

둘째, 1947년 3월 미국 대통령 트루먼은 미 의회에서 미국 외교정책에 관한 원칙을 천명했다. '트루먼 독트린'으로 알려진 이 연설에서 트루먼은 공산주의의 확대를 저지하기 위해 미국 정부가 그리스와 터키에 대한 경제적 원조를 제공해야 한다고 역설했다. 케넌이 '긴 전보'에서 제시했던 소련 영향력 봉쇄가 대통령의 입으로 표출되는 순간이었다. 그리고 트루먼 정부는 유럽 경제재건 지원정책인 마셜 플랜을 수립했다. 공산주의의 영향력을 봉쇄하기 위해 그리스, 터키뿐 아니라 유럽 자본주의 국가들의 경제가 부흥해야 한다는 것이었다.

제2차 세계대전 직후 미국은 동맹을 구상하지 않았다. 그러나 상황은 미국을 동맹으로 이끄는 방향으로 전개됐다. 소련이 서유럽의 자본주의를 위협할 것이라는 우려를 갖고 있었던 영국, 프랑스, 벨기에, 네덜란드, 룩셈부르크는 1948년 3월 벨기에의 수도 브뤼셀에서 집단안보조약인 '브뤼셀 조약'을 체결한다. 이들 조약국들은 미국의 동참을 희망했다.

미국 내에서도 동맹 체결에 우호적인 정치환경이 만들어졌다. 1948년 6월 미국이 지역안보체제나 집단안보체제에 가입하는 것을 지지하는 '밴던버그 결의안'이 64:4라는 압도적인 찬성으로 미국 상원에서 통과됐다. 미국 중심의 자본주의 질서를 유럽에서 구축하고자 했던 미국은 소련과의 대결을 불가피한 것으로 간주했다.

트루먼 정부 역시 적극적으로 움직였다. '밴던버그 결의안'이 통과되자 트루먼은 대서양 지역 안보체제 창설을 캐나다 및 브뤼셀 조약 가

입국과 협의하라는 지시를 국무부에 내렸다. 그 결과 1949년 4월 4일 브뤼셀 조약 5개국에 미국, 캐나다 그리고 이탈리아 등 다른 5개 유럽국가가 참여하여 북대서양조약을 체결했다. 유럽에서 냉전이 본격화된 결과 주머니 깊은 곳에 들어있던 동맹이 테이블 위에 올라오게 된 것이다. 애초에 미국은 유럽에서의 동맹을 구상하지 않았다. 동맹은 미국의 군사적 선택권을 제한한다는 우려가 지배했다. 즉 동맹은 미국의 '군사적 단독주의'를 침해할 수 있다고 판단한 것이다. 미국이 북대서양조약을 결성하고 북대서양조약기구(NATO)를 창설해서 공동방위계획을 수립하게 된 데는 '군사적 단독주의'가 제한받을 것이라는 우려보다는 소련의 사회주의로부터 유럽을 지켜내지 못하면 미국 중심의 자본주의 질서가 위태롭게 된다는 우려가 더 크게 작동된 결과라고 할 수 있다. 냉전이 동맹을 호명한 것이다.

미국의 아시아 정책을 바꾼 국공 내전

나토동맹이 유럽 냉전의 산물이었다면 미일동맹과 한미동맹은 동아시아 냉전의 산물이었다. 제2차 세계대전 직후 미국과 소련의 관심은 아시아보다는 유럽이었다. 유럽은 중심부에 있는 독일을 기점으로 서유럽과 동유럽으로 양분됐다. 소련은 동유럽에 사회주의를 이식시키는 과정을 본격화했고, 미국은 서유럽에 자본주의적 질서를 재건하는 데 열중했다.

이에 반해 아시아는 유럽처럼 양분되지도 않았고, 복잡하지도 않았다. 장개석의 국민당이 중국 대륙을 석권하면 전후 아시아 질서는 큰 문제 없이 안정적으로 구축될 수 있었다. 소련은 유럽에서와 달리 아시아에서 미국에 협조적이었다. 아시아에서 소련의 관심은 만주 특히 대련과 뤼순 지역에 국한되어 있었다. 소련은 대련과 뤼순의 부동항과 만주 일대의 철도에 대한 우선권을 확보하기 위해 장개석 국민당 정부를 인정했다.

결국 중국의 운명이 관건이었고, 중국의 운명을 결정짓는 국공 내전에 관심이 집중됐다. 그러나 국공 내전에서 장개석의 승리를 의심하는 사람은 단 한 명도 없었다. 국공 내전 초기 국민당은 압도적인 군사력을 바탕으로 점령지역을 넓혀갔다. 1947년 초에는 중국공산당의 근거지였던 연안까지 국민당이 점령했다.

	병 력	점령지역	관할지역 인구
국민당(장개석)	430만	730만제곱킬로미터(75%)	3억 4,000만명
공산당(모택동)	120만	230만제곱킬로미터(25%)	1억 3,500만명

그러나 모택동은 농촌 지역에서의 토지개혁을 중심으로 대중적 지반을 넓혀가기 시작했다. 이에 반해 장개석은 국민당의 부패와 재정 파탄, 오만과 오판 등의 악재가 겹쳐 정치적, 경제적 기반이 흔들리고 고립되어 갔다.

내전이 길어지면서 이 같은 역전 현상이 고착화됐고, 모택동은 마침내 1947년 12월 25일 중국공산당 중앙위원회에서 국공내전이 '역사적 전환점'에 이르렀다고 선언하기에 이른다.

국공내전의 전세 역전은 장개석은 말할 것도 없고 미국의 트루먼 정부에게도 청천벽력과도 같은 사태였다. 미국은 1948년을 전후한 시점부터 새로운 아시아 전략을 구상하기 시작했다. 장개석은 모택동을 이길 수 없다는 판단을 내린 것이다.

중국 대륙이 공산화될 것이 분명한 시점에서 중국은 더 이상 미국의 파트너가 될 수 없었다. 미국은 새로운 아시아 파트너를 물색해야 했다. 아시아에서의 미소 협력이 깨지고 냉전이 시작된 것은 바로 이 시점이었다.

소련 공산주의가 중국 대륙으로까지 확산됐다. 이제 아시아에서 소련은 협력 대상이 아니라 봉쇄의 대상이 됐다. 장개석이 석권한 중국을 중심으로 일본의 재무장을 원천적으로 차단하려고 했던 전후 초기 미국의 정책 목표는 소련의 팽창을 저지하고 소련의 영향력을 봉쇄하는 방향으로 전환됐다. 중국과의 협력이 불가능한 조건에서 미국의 새로운 파트너는 일본밖에 없었다. 다른 모든 아시아 국가들은 신생국에 불과한 약소국이었기 때문이다. 미국의 대일 정책이 바뀌었다. 전범재판에 회부됐던 일본의 군국주의자들이 풀려나고, 권력은 다시 그들에게 넘어갔다. 미국의 아시아 정책은 일본을 중심으로 재설정됐다.

한반도 정책 역시 변화가 불가피했다. 미소 협력하에 한반도에서 신탁통치를 실시하거나 극단적 좌익과 우익을 배제하고 좌우합작을 모색하는 것은 철지난 소리에 지나지 않았다. 미국이 통제권을 장악하고 있는 38선 이남에서만이라도 확고한 반공 정권을 수립하는 것이 최우선적 목표가 됐다.

미국이 단독정부 수립으로 입장을 선회한 것은 일본에 대한 방위 구상 때문이었다. 한반도 전체가 공산화될 경우 일본을 방어하기가 훨씬 어려워질 것을 우려한 미국은 아시아 질서 구축의 새로운, 사실상 유일한 파트너인 일본을 방어하기 위해서라도 38선 이남에 단독정부를 수립해야 했다.

이미 1946년 그 유명한 정읍발언을 통해, 사실상 분단을 의미하는 38선 이남만의 단독정부 수립을 주장해왔던 이승만과 미국의 이해관계는 정확하게 일치했다. 38선 이남의 미군정과 이승만은 단독정부 수립을 저지하기 위해 항쟁에 나선 제주 도민들을 군사력을 동원해 진압하기 시작했다.

정치적 의미에서의 한미동맹은 바로 이 시점에서 시작됐다. 미국과 이승만은 단독정부 수립을 기도했고, 많은 민족 구성원들은 단독정부 수립을 반대하고 통일정부를 수립하려고 했다. 정치적 차원에서 한미동맹은 민족 구성원의 의사와 달리 미국의 정책 구상을 집행하는 수단으로 기능했다.

한미동맹 : 아시아 냉전의 산물

1950년 한국전쟁이 발발하고 미국이 유엔군의 탈을 쓰고 참전하면서 군사적 의미에서의 한미동맹이 시작됐다. 한국군은 사실상 미국이 작전 지휘권을 행사하는 유엔군사령부의 지휘체계 아래 편입됐다. 군사적 차원에서 한미동맹은 미국의 군사전략을 집행하는 수단으로 기능했다. 한미동맹은 사실상 이런 과정을 통해 완성됐다. 1953년 10월 1일 체결된 한미 상호방위조약은 이미 완성된 한미동맹을 법적으로 뒷받침해주는 장치였을 뿐이다.

그러나 한미 상호방위조약이 발효된 것은 1954년 11월 17일이다. 서명 후 동맹 조약이 발효되는 데 1년 1개월의 시간이 필요했다. 동맹 조약의 체결을 강하게 요구했던 한국 정부와 달리 미국 정부는 동맹 조약 체결을 주저했다. 조약 형태의 법적 틀에 묶이게 될 경우 미국이 추구해왔던 '군사적 단독주의'가 침해될 것을 우려했기 때문이다. 특히 1953년 7월 27일 정전협정 체결 이후에도 이승만 정부는 '북진 통일'을 주장하며 미국의 '심기'를 건드렸다. 자칫 이승만 정부의 북진 정책으로 제2의 한국전쟁에 휘말려들지 모른다는 우려가 미국 내에서 팽배했다.

그럼에도 트루먼 정부가 한미 상호방위조약 체결에 나선 것은 미국의 대한반도 정책 나아가 미국의 동아시아 정책을 추진하기 위한 정치적, 군사적 수단으로 한미동맹이 필요했기 때문이다. 동맹 조약을 통해 한미동맹을 법적으로, 제도적으로 뒷받침하고 안정화시킬 필요성이 제2의 한국전쟁에 휘말려들지 모른다는 우려보다 컸던 것이다.

미국은 자신의 우려를 해소하기 위해 조약 내에 장치를 마련했다. 동맹 조약이 발동해야 할 경우 '즉각적 개입' 대신 '자국 헌법 절차'를 둔 것이다. 즉 한국이 외부의 무력공격을 받아 미국의 군사적 지원이 필요한 상황이 발생하더라도, 미국의 헌법적 절차에 따라 지원군을 보냈다는 것이다. 즉 미국 의회의 승인이 있을 때에만 한국을 위한 군사적 지원을 할 수 있도록 설계됐다.

그럼에도 동맹 조약이 발효되기까지 1년 이상의 시간이 걸린 것은 '자국 헌법 절차' 규정만으로는 미국의 우려가 해소되지 않았기 때문이다. 그래서 미국은 한국 정부에 미국의 요구사항이 담긴 한미합의의사록에 동의할 것을 요구했다. 그리고 동의하지 않으면 동맹 조약은 발효될 수 없다고 사실상 으름장을 놓았다. 한미합의의사록에는 "한국은 조국 통일을 위한 노력을 전개할 때 미국과 협력한다"와 "한국군을 유엔군의 작전통제하에 둔다"는 내용이 들어있다.

미국은 이승만 정부의 일방적인 대북정책에 제동을 걸 수 있는 장치와 한국군의 독자적인 대북 군사 행동을 통제할 수 있는 장치를 한미합의의사록을 통해 마련하고자 했다. 한미 양국 사이에 갈등이 없지 않았으나 결국 이승만 정부는 한미합의의사록에 동의를 표시하고 동맹은 발효될 수 있었다.

한미동맹은 미국의 아시아 냉전 정책을 집행하는 정치적, 군사적 수단으로 출발했다. 다시 말해 한국의 방어를 목적으로 해서 체결된 것이 아니다. 미국의 이익을 실현하기 위해 한미동맹이 체결됐고, 한국의 방어는 그 결과에 지나지 않았다.

한국 사회 일각에서는 이승만을 국부로 찬양한다. 동맹에 소극적이었던 미국을 한편으로 압박하고, 한편으로는 설득하여 한미동맹을 체결하도록 함으로써 한국이 공산화되는 것을 막았다는 논리다.

이승만이 한미동맹 체결을 위해 미국을 설득하고 압박한 것은 맞다. 그러나 한미동맹은 한국의 안전보장을 목표로 체결된 것이 아니다. 미국의 정책에서 한국의 안보는 언제나 2순위였고, 미국의 이익 실현이 1순위였다. 미국의 이익과 한국의 안보가 사실상 일치하는 냉전적 상황이 오랫동안 지배했기 때문에 한국의 안보가 1순위인 것처럼 비쳤을 뿐이다.

한미동맹은 아시아 냉전의 산물, 그 이상도 이하도 아니었다.

2. 동맹이긴 했을까

"감사하게도, '한국전쟁'이 터져주었다"

1950년 6월 25일 북한군이 탱크를 앞세워 내려오자 미국은 빠르게 움직였다. 바로 그날 애치슨 미 국무장관은 트루먼 대통령의 승인을 받아 유엔에서 한반도 문제를 논의할 것을 결정하고, 유엔안보리에 제출할 결의안을 작성했다. 마치 북한군의 남침을 기다리기라도 했던 것처럼.

미국은 유엔안보리 차원에서 유엔군이 결성되기도 전에 주일미군을 한반도에 파견했다. 6월 26일부터 한반도 상공으로 미군의 전투기들이 날아들었고, 6월 30일에는 2개 사단을 파병하고 북한 해역을 봉쇄했다. 미 의회는 선전포고를 해야 한다고 주장했지만 트루먼 정부는 의회의 공식 승인을 요청하지도 않았다. 미국의 외교 역사는 한국전쟁을 선전포고 없이 치른 첫 번째 전쟁으로 기록하고 있다.

그러나 미국의 발 빠른 움직임은 단지 한국의 안보를 위한 것만은 아니었다. 주지하다시피 냉전이 시작되면서 미국의 군사주의적 경향성은 더욱 강화됐다. 제2차 세계대전 이전 거의 쓰이지 않았던 국가안보(national security)라는 용어가 냉전의 시작과 함께 일상적 용어가 됐다. 1947년 7월 국가안보법(National Security Act)이 제정되었고, 그때까지 독립적으로 존재했던 육해공군이 통합되어 단일 군조직이 탄생했으며, 이들을 통솔할 목적으로 국방부(Department of Defense)가 창설됐다. 백악관에는 국가안보회의(NSC)가 설치되었고, 국가안보회의 산하에 중앙정보부(CIA)가 설립됐다.

1949년 미국의 외교에 결정적 영향을 미치는 세 개의 사건이 발생했다.

소련이 원자탄을 개발했고, 모택동은 베이징에서 중화인민공화국을 선포했다. 그리고 유럽에서는 나토 동맹이 창설됐다. 미국의 냉전적 사고는 더욱 강화됐고, 이에 따라 트루먼은 공산권에 대한 강력한 대책을 강구하라고 NSC에 지시했다. 그래서 나온 것이 NSC-68이라는 국가안보회의 보고서다. 국방부, 국무부, CIA 외에도 국가안보와 관련한 부처들이 모여 만든 집체물(group effort)인 NSC-68은 그 이후 20년 동안 미국 냉전정책의 기초를 이루는 중요한 문서가 된다.

NSC-68의 분량은 방대하지만 내용은 단순하다. 소련의 팽창 성향은 전 지구적이기 때문에 미국과 소련은 갈등과 충돌이 불가피하고, 소련의 팽창을 저지할 수 있는 방법은 미국의 군사력밖에 없다는 것이다. 그러나 NSC-68에 담긴 내용을 추진하기 위해서는 막대한 국방예산이 필요했고, 이 때문에 미국 정부 내에서 갈등이 심화됐다. NSC-68을 작성하는 과정에서 냉전의 설계자라고 알려진, 미 국무부 정책기획실장이었던 조지 케넌마저 사표를 제출했을 정도였다. 폴 니츠가 조지 케넌의 후임이 되어 NSC-68 작업을 진두지휘하고, 마침내 국방예산의 대폭 증대를 요구하는 NSC-68이 완성됐다.

조지 케넌은 사실 60년 넘게 억울한 평가를 받아왔던 비운의 인물이라고 할 수 있다. NSC-68 덕분이지만, 미국의 냉전정책은 군사적 봉쇄를 기본으로 해서 추진됐다. 그러나 조지 케넌은 외교적 봉쇄를 주장했던 인물이다. NSC-68은 미국의 대외정책이 조지 케넌식의 외교적 봉쇄에서 폴 니츠식의 군사적 봉쇄로 전환됐음을 의미한다. 그럼에도 조지 케넌은 냉전을 설계한 인물이라는 평가를 받아왔던 것이다.

1950년 이후 군사적 봉쇄가 중심이 됐던 미국의 냉전정책을 기획한 인물은 조지 케넌이 아니라 폴 니츠였다는 사실을 이 책에서라도 분명하게 짚고 넘어간다면 조지 케넌의 억울함이 다소나마 풀리지 않을까 싶다.

다시 본론으로 돌아와보자. 그렇게 완성된 NSC-68이 트루먼에게 전달된 시점은 1950년 4월이었다. 보고서를 접한 트루먼은 놀랄 수밖에 없었다. 당시 미국은 연간 국방비로 130억 달러를 쓰고 있었는데, 이 보고서는 국방비를 500억 달러까지 늘려야 한다고 주장했기 때문이다. 트루먼은 이 보고서의 승인을 보류할 수밖에 없었다. 정치인으로서 전쟁 시기도 아닌 평화 시기에 미국 국민들에게 무거운 세금을 부담시키는 정책을 쉽게 승인할 수 없었던 것이다.

미국이 한국전쟁에 발 빠르게 대응한 이유가 여기에 있다. 트루먼이 NSC-68을 보류했던 것은 그 정책에 반대해서가 아니라 정치적 부담 때문이었는데, 한국전쟁은 바로 그런 정치적 부담을 덜어낼 수 있는 절호의 기회였던 것이다.

트루먼이 NSC-68을 승인한 것은 1950년 9월이다. 미 국무부의 한 관리는 이렇게 말했다.

"감사하게도, '한국전쟁'이 터져주었다."

한국전쟁의 원인으로 미국의 '남침유도설'을 주장하는 근거가 바로 NSC-68이다. 미국이 NSC-68을 현실화시키기 위해 미군 병력을 한반도에서 철수시키고, 한국을 방어선에서 제외시키는 '애치슨 라인'을 발표함으로써 북한과 소련, 중국으로 하여금 남침을 하도록 유도했다는 것이 '남침유도설'의 기본 스토리다.

'남침유도설'을 옹호하고픈 생각도 없고, 그것을 비판하고자 하는 것도 아니다. NSC-68을 길게 서술한 이유는, 한국 방위만이 목적이 아니라 한국전쟁에 개입해야 하는 미국의 국내, 국제정치적 상황이 있었다는 것을 말하기 위해서다. NSC-68에 대한 이해관계, 더 포괄적으로 이야기한다면 미국의 대외정책이 군사적 봉쇄정책으로 선회하고, 그것을 위해 국방비를 대폭 늘려야 하는 미국의 이해관계가 존재했기 때문에 한국전쟁에 발 빠르게 개입한 것이다.

한미동맹은 한국을 위한 것이 아니었다. 한국을 위한 것이었다고 우리가 믿고 있을 뿐이다. 마치 바나나를 포기해야 안정과 행복이 찾아온다고 원숭이들이 믿었던 것처럼 말이다.

동상이몽의 정치학

한국에서 한미동맹은 신화의 영역이자 성역이라 해도 과언이 아니다. 한미동맹은 한국전쟁에서 공산권의 '침략'으로부터 우리를 지켜주었다고 평가받고 있다. 이 때문에 하루가 멀다 하고 우리 국민 특히 기지촌 여성들의 삶이 위협받는 사건이 발생해도 안보와 생존을 위해 불가피한 것으로 치부되어 왔다. 주한미군기지에서 기름이 유출됐다는 사실이 버젓이 드러났음에도 기지에 대한 실태조사조차 할 수 없는 비현실적인 현실을 받아들여야만 했다.

그러나 한미동맹은 하나의 제도에 불과하다. 이해관계가 달라지면 제도 역시 달라지게 돼 있다. 인간의 필요에 의해 만들어진 것이 제도와 시스템이다. 제도와 시스템은 신화가 될 수 없으며 성역은 더더욱 아니다.

모든 제도가 그렇듯 동맹 역시 스스로 단단해지려는 속성을 갖는다. 동맹의 체결은 적과의 대결을 더욱 강화시킨다. 이쪽에서 동맹을 체결하면 적대관계에 있는 상대방은 더 큰 위협을 느끼고 동맹을 통해서건, 군사력 증강을 통해서건 더 큰 힘을 키우려 한다. 상대방의 군사력 증강은 다시 이쪽의 군사력 증강으로 이어진다. 이런 '군비 경쟁'으로 적과의 관계는 더 악화된다.

적과의 관계가 악화되면 될수록 동맹국의 결속력은 더 강해진다.

동맹국들간의 다양한 안보협의체가 만들어지고 군사연습이 빈번해지면서 군사협력이 강화된다. 이런 과정을 통해 동맹이라는 제도는 시간이 흐를수록 더욱 공고해진다.

동맹이라는 제도를 공고하게 하는 데는 제도 자체의 속성 외에 두 가지 요소가 더 있다. 첫째, 의식 구조와 정체성이다. 동맹이 지속되면서 동맹을 당연한 것으로 간주하고 동맹 외의 다른 안보수단을 사고하지 않는 경향성이 강화된다. 즉 동맹 정체성이 강화된다. 둘째, 한미동맹에 최적화되어 있는 인적·물적 자산이다. 자산 특수성이라고 불리는 이 같은 인적·물적 자산은 다른 국가와의 동맹을 새롭게 모색하는 것보다 기존의 한미동맹을 유지하고 강화하는 것을 선호하게 만든다.

제도가 갖는 자체의 속성 그리고 동맹이 지속되면서 점차 강화되는 동맹의 정체성과 자산 특수성이 한미동맹을 70년 넘게 유지하게 만든 요인이었다고 볼 수 있다. 그러나 동맹이라는 제도는 한국이 단독으로 만들고 유지하지 못한다. 동맹국인 미국의 동의가 필요하기 때문이다. 따라서 동맹은 한국의 이해관계만을 반영하지 않는다. 미국의 이해관계도 반영한다. 한국과 미국의 이해관계가 항상 일치한다면 동맹은 갈등 없이 지속된다. 그러나 한국과 미국의 이해관계가 일치하지 못한다면 동맹은 갈등을 빚는다.

한국과 미국은 엄연히 다른 국가다. 위치하고 있는 대륙도 다르고, 인접국도 다르다. 국력과 관심사에서도 큰 차이가 있다. 한국과 미국의 이해관계는 일치하는 것보다는 불일치하는 것이 더 많고, 그것이 당연하다.

그런 점에서 한미동맹은 '동상이몽의 정치학'이다. 같이 모여 있지만 각기 다른 꿈을 꾸고 있다. 앞에서 살펴본 것처럼 한미동맹은 조약이 체결될 때부터 동상이몽이었다. 애써 그런 현실을 부인해왔을 뿐이다. 냉전 시대에는 그 같은 현상이 일상적이지 않았고, 도드라지지 않았다. 반공, 반북적 사고가 지배했던 냉전 분위기 속에서 한미 양국의 이해관계는 중첩되는 부분이 많았기 때문이다. 또한 북한의 남침 우려 속에서 동맹은 필수적 요소로 간주되었기 때문에 갈등의 측면이 애써 감추어지기도 했다.

한미동맹을 기본축으로 북미 적대관계, 남북 적대관계가 형성되고, 그 관계는 사실상 고정되어 있었다. 한미 갈등이 표출되기에는 냉전적 적대관계가 더 큰 규정력을 발휘하고 있었던 셈이다.

냉전의 해체는 봉인되어 있었던 한미 갈등이 표면화될 수 있는 환경을 조성했다. 유일 초강대국이 된 미국의 일방주의는 강화됐다. 1987년 6월항쟁 이후 발전된 한국의 민주주의는 한국 정부로 하여금 독자적인 대북정책을 추진할 수 있게 동기를 제공했다. 시민사회의 등장은 동맹의 불평등성에 주목하게 만들었다.

최초의 문민정부라는 타이틀을 갖게 된 김영삼 정부는 '한반도 문제의 한국화'를 추진했다. 대북정책을 한국이 주도해야 한다는 주장이었다. 그것이 힘들다면 최소한 한국이 배제된 미국의 대북정책은 받아들일 수 없다는 것이다.

그러나 앞에서 살펴보았듯이 미국은 북핵 문제를 전 지구적 차원의 핵확산 방지로 접근했다. 북한의 핵개발은 한국의 안보를 위협하는 문제이니 한국이 주도하거나 반드시 한국이 참여해야 한다는 김영삼 정부의 주장과 북한의 핵개발은 전 지구적 차원의 문제이니 미국이 주도해야 한다는 클린턴 정부의 주장은 정면으로 충돌하게 됐고, 이 과정에서 한미 갈등이 표출됐다.

21세기 들어 한미 관계는 더욱 복잡한 게임의 장으로 변했다. 첫째, 노근리 양민학살 문제가 불거졌고, 방위비분담금 문제가 표출되면서 소위 '반미 감정'이 확산됐다. 여중생 2명이 미군의 장갑차에 깔려 죽은 효순이·미선이 사건은 '반미 감정'을 폭발시키는 결정적 계기가 됐다.

둘째, 한국 사회에서 북한의 위치가 달라졌다. 과거에 북한은 한국의 안보를 위협하는 최대의 적대국이었다. 그러나 2000년 남북 정상회담 이후 북한은 화해와 협력의 대상국이라는 또 하나의 위치를 갖게 됐다. 화해와 협력의 대상국으로서의 북한의 지위는 한미동맹을 혼란에 빠뜨리기에 충분했다. 특히 2001년 부시 정부에 들어와 발생한 한미 갈등은 북한의 달라진 위치에 근거한 측면이 강했다.

셋째, 한미동맹에서 중국 변수가 새롭게 추가됐다. 1992년 수교 이후 한중 관계는 2010년을 전후해서 중국이 한국의 제1의 경제교역국이 되는 등 급속하게 발전하기 시작했다. 반면에 미국의 대중국 정책은 강경해졌다. 2010년을 전후한 시점부터 미국은 중국을 "미국의 역사상 가장 도전적이고 중요한 국가"로 지목하고, 중국에 대한 군사적·경제적 견제를 강화하기 시작했다. 중국을 품어야 하는 한국과 중국을 견제해야 하는 미국 사이에 갈등은 불가피했다.

한미동맹을 지속해야 하는 이유가 점차 사라지고 있다. 남북 관계의 발전, 한국 내에서의 미국에 대한 문제 제기의 심화, 중국에 대한 한미 양국의 엇갈린 정책 등은 한미동맹이 과연 우리에게 어느만큼 의미를 갖는지 묻고 있는 현상들이다. 한미동맹의 뒷면이 드러나기 시작했다.

포기된 권리, 평화

평화는 인류가 행복하게 살아가기 위해 필요한 최소한의 그러나 가장 기본적인 조건이라고 할 수 있다. 원숭이 실험에 등장하는 바나나는 인류의 평화라고도 할 수 있다.

대부분의 국가들은 평화를 위해 막대한 국방예산을 투입한다. 우리나라도 국가 재정의 10%가량을 국방비로 책정하고 있다. 평화를 위한 비용이다. 그런데 우리 사회에서는 평화와 동맹을 일치시키려는 경향성이 강하다. 평화를 위해 한미동맹이 필요하고, 한미동맹이 강화돼야 평화가 더 튼튼해진다는 논리다. 평화와 동맹을 일치시키려는 이 같은 경향성은 '보수정권'과 '진보정권'의 구분이 없었다. 상대적으로 '진보정권'이었던 김대중, 노무현 그리고 문재인 정부에서도 이 같은 논리 구조는 전혀 흔들리지 않았다.

그러나 분명히 해야 할 한 가지가 있다. 동맹은 평화라는 목적을 위해 우리가 선택한 '수단'이라는 사실이다. 포괄 범주와 개념화에 따라 다양하게 정의될 수 있겠지만, 평화를 국가 혹은 정치세력 사이에서 전쟁이 일어나지 못하게 하고, 혹시 전쟁이 발발했을 때 빠르게 회복해야 할 것으로 규정한다면, 즉 전쟁이 없는 상태라고 규정한다면, 평화를 유지하고 회복하는 수단은 다양하게 존재할 수 있다.

첫째, 자체의 힘으로 평화를 유지하는 것이다. 이른바 '자주국방'이다. 둘째, 전쟁이 일어날 수 없는 정치환경을 만드는 것이다. 여기에는 또 다시 두 개의 방법이 존재할 수 있다. 적대적인 국가 혹은 정치세력과 평화적 관계를 맺는 것이 그 하나이며, 적대적인 국가 혹은 정치세력을 제거하는 것이 다른 하나이다. 그러나 후자의 경우를 추진할 경우 종종 전쟁이라는 수단이 사용된다. 즉 목적을 위해 목적을 포기하는 역설적 상황을 초래한다. 따라서 평화의 두 번째 수단은 적대국 혹은 적대세력과의 평화적 관계 맺기로 한정시켜야 할 것이다. 셋째, 적대국이 존재하고, 적대국이 전쟁을 벌일 가능성이 있고, 스스로의 힘으로 전쟁을 방지하기 어려운 상황에서 채택되는 수단으로 동맹이 상정될 수 있다.

자주국방을 해도 평화는 유지될 수 있다. 적대국과의 관계 개선 즉 '데탕트'를 추진해도 평화는 유지될 수 있다. 동맹을 추진해도 평화는 유지될 수 있다. 즉 동맹은 평화를 위한 수단의 하나이지 평화의 유일한 수단이 아니며 동맹 자체가 평화인 것은 더더욱 아니다.

전쟁이 기정사실화되어 있는 조건에서 동맹은 전쟁의 발발을 막거나 전쟁의 확대를 막을 수 있는 장치로 작동할 수 있다. 전쟁을 일으키려는 국가는 침략하고자 하는 국가가 다른 국가와 동맹을 체결함으로써 힘이 강해지면 침략을 주저할 수 있다. 혹은 침략했다가도 동맹의 힘에 압도되어 후퇴할 수도 있다.

그러나 동맹은 그 본성상 평화에 역행하는 측면을 동시에 갖는다. 일단 체결된 동맹은 적대국과의 적대적 관계가 유지돼야 존재한다. 동맹이 유지되기 위해서는 적대관계와 적대감정을 필요로 한다. 그래서 동맹은 끊임없이 적대관계를 강화시키고 적대감정을 부추기는 장치로 작동한다. 평화의 수단이었던 동맹이 어느 시점에 도달하면 동맹 자체가 목적이 되어버린다. 즉 어떤 조건에서 동맹은 평화의 장치로 작동하지만, 또 다른 조건에서는 전쟁의 장치로 작동하기도 한다.

2000년 1차 남북정상회담 이후 남과 북의 철도를 연결하기 위해 비무장지대의 지뢰 제거 작업을 하던 때다. 이때 미국은 남측의 비무장지대가 유엔사 관할이라는 이유를 내세워 지뢰 제거 작업 요원들의 출입을 통제하려 했다. 한미동맹을 목적으로 간주하는 소위 '동맹론자들'은 미국의 통제에 순응해야 한다고 주장했다. 한미동맹이 남북 데탕트를 가로막는 순간이었다.

2018년 평창 동계올림픽에 김정은 북측 국무위원장의 특사로 내려온 김여정은 문재인 대통령에게 방북 초청 메시지를 전달했다. 사실상 남북 정상회담 제안이었다. 미국은 '비핵화 없는 정상회담 불가' 입장을 천명했다. 남측의 동맹론자들 역시 미국의 입장을 앵무새처럼 되뇌었다. 한미동맹이 남북 데탕트를 가로막는 또 다른 순간이었다.

이렇듯 한미동맹은 남북 데탕트 즉 화해협력을 방해하는 장치로 작동하기도 한다. 남북 화해협력은 한반도 평화를 위한 또 하나의 수단이다. 평화의 수단인 한미동맹이 평화의 또 다른 수단인 데탕트를 가로막는 역설적 현실이 한반도에서 펼쳐진 것이다.

'바나나와 원숭이 실험'에서 원숭이는 결국 바나나를 포기해야 했다. 그것이 그들이 택할 수 있는 최선의 행복이라는 착각 속에서 말이다. 한미동맹이 압도하는 구조 속에서 우리가 정착 추구해야 할 목표인 평화가 포기되는 역설적 상황이 반복되고 있다. 한미동맹은 남과 북이 적대적 관계를 유지하도록 강요한다. 한미동맹은 북한의 모든 행위를 적대적 관점에서 해석하도록 우리의 사고 틀을 규정한다. 한미동맹은 한반도 평화를 위한 동맹 이외의 다른 선택지와 수단들을 포기하게 만든다.

한미동맹의 존재 이유에 대해 다시 생각해볼 때가 됐다. 차가운 물줄기를 주어진 조건으로 간주한 '다섯 마리 원숭이 사회'와 한미동맹을 주어진 조건으로 간주하고 있는 우리의 현실이 얼마나 다른지 아프게 돌아보아야 한다. 그 조건을 기정사실화함으로써 원숭이가 바나나를 포기해야 했던 것처럼, 우리 역시 한미동맹을 기정사실로 간주하여 평화를 위한 더 나은 선택을 포기하고 있는 것은 아닌지 진지하게 돌아보아야 할 때가 됐다.

여기에 또 하나 받아들여야 할 현실이 있다. 미국의 세기가 저물고 있다는 것이다. 한국은 미국의 강력한 힘에 편승해 왔다. 미국에의 편승은 남과 북이 분단되어 체제대결을 벌이고, 냉전적 세계질서가 지배하는 상황 속에서 어쩌면 한국에게 주어진 현실이었을지 모른다. 그러나 세상은 변했고, 미국의 파워도 쇠퇴했다. 우리에게는 새

로운 현실이 놓여져 있다. 다만 그것이 보이지 않았거나 애써 부인해
왔을 뿐이다.

3. 미국 파워의 현주소

허약함이 드러나고, 신뢰를 상실하다

1968~1973년은 미국의 패권 체제가 위기에 봉착했던 첫 번째 시점이었다. 미국은 베트남전쟁에서 고전을 하고 있었다. 핵무기까지 보유한 미국의 강력한 군사력도 베트남전쟁의 수렁에서 미국을 건져내지는 못했다. 베트남전쟁은 무역적자에 시달리고 있던 미국에게 재정적자까지 가미된 쌍둥이 적자라는 선물을 안겨주었다.

이 시기 미국 경제적 패권의 기초였던 브레튼우즈 체제가 붕괴됐다. 미국의 무역적자가 장기화되고 달러 가치가 하락하자 많은 국가들은 달러보다는 금을 더 선호하게 됐다. 금 가격이 상승했다. 주요 국가들의 환율은 불안정해졌고, 특히 달러화에 대한 불안은 더욱 커졌다. 많은 국가들은 미국 중앙은행에 금태환을 요구했다. 즉 자국이 보유하고 있던 달러를 금으로 바꿔달라는 것이었다.

쌍둥이 적자에 직면해 있던 닉슨 정부는 국제사회의 금태환 요구를 받아들일 수 없었다. 닉슨은 '닉슨 쇼크'라고 알려진 '금태환 정지'를 결정했다. 전후 미국 패권의 기초였던 브레튼우즈 체제가 붕괴되는 순간이었다.

물론 베트남전쟁에서의 패배와 브레튼우즈 체제의 붕괴가 곧바로 미국 패권의 몰락으로 이어진 것은 아니다. 여전히 미국은 군사적으로 최강대국이었고, 핵무기를 사용하지 못함으로써 전쟁에서 패배했다는 평가에 기초해서 미국은 더욱 공격적인 핵무기 정책으로 전환했다. 브레튼우즈 체제의 붕괴 역시 '금본위제'에서 '달러본위제'로 바뀌어 미국의 달러 패권 시대를 열었다고도 평가할 수 있다.

그러나 이런 일련의 상황을 통해 미국 패권의 허약성이 드러난 것만큼은 분명했다. 베트남전쟁을 통해 미국의 반공십자군적인 이데올로기 전쟁은 국내외에서 정당성을 상실했다. '금태환 정지'를 통해 미국은 자신이 만들어놓은 금융질서를 유지할 능력도, 의사도 없는 국가라는 것을 보여주었다.

미국 패권의 두 번째 위기는 1997~2005년 사이에 찾아왔다. 미국은 1997~1999년까지 세계금융위기가 지속되는 동안에 자신의 방식으로 세계경제를 통제하는 데 실패했다. 미국은 국제금융기관을 앞세워 금융 자유화를 확산시키는 방식으로 세계경제를 재구축하려 했다. 그러나 금융위기에 봉착했던 대다수 국가들은 외환 통제를 결정했다. 오직 한국만이 미국의 개입이 성공한 '유일한 사례'였다.

국제금융체제에서 미국은 신뢰성의 위기에 직면하게 됐다. 금융위기가 확대되는 것을 미국이 저지하지 못했다는 인식이 팽배지면서 국제경제체제에서 미국 영향력에 대한 신뢰는 크게 흔들렸다.

코소보분쟁과 아프가니스탄전쟁 그리고 이라크전쟁은 미국의 군사적 개입주의가 결코 성공할 수 없음을 입증해주었다. 미국은 이들 전쟁에서 국제사회의 지지를 이끌어내지 못했다. 전쟁은 장기화됐고 미국의 정치적·군사적 헤게모니는 타격을 받았다. 미국의 군대는 "전투에서 이기는 법은 알아도 전쟁에서 승리하는 법을 모르는 군대"로 낙인찍혔다.

이 시기 미국의 국내 경제 시스템 역시 큰 위기에 봉착했다. 이라크전쟁의 수렁에 빠져있는 동안 미국 내에서는 1990년대부터 형성됐던 정보기술(IT) 거품이 붕괴되면서 경제를 압박하기 시작했다. 미국은 나스닥 지수의 붕괴를 막기 위해 금리 인하 조치를 단행했다. 금리가 내리자 많은 미국인들이 금융권으로부터 자금을 대출받아 부동산에 투자했다. 주택 가격이 상승했다. 부동산시장에 더 많은 자금이 몰렸다. 부동산 가격은 더욱 상승했다.

그러자 미국의 중앙은행은 부동산 경기의 과열을 방지하기 위해 금리를 인상했다. 더불어 부동산 거품이 걷히면서 부동산 가격이 하락하기 시작했다. 금융권으로부터 대출을 받아 부동산에 투자했던 사람들은 원리금을 갚지 못하는 상황에 봉착했다. 금융권은 대출금을 회수하지 못하는 사태에 직면했다.

미국발 금융위기

미국의 대형 금융사와 증권회사들의 파산이 줄을 이었다. 급기야 세계 4위의 투자회사인 리먼 브라더스까지 파산하는 지경에 이르렀다. 국경 없는 자본의 거래는 미국의 금융위기를 세계 금융위기로까지 확산시켰다. 우리가 소위 '서브프라임 모기지 사태'라고 부르는, 미국발 금융위기는 이렇게 시작됐다.

문제는 여기서 그치지 않았다. 이 사태 이후 미국의 대응이야말로 미국 패권의 몰락을 상징적으로 보여준다. 미국은 파산 위기에 놓인 자국의 금융회사를 구제하기 위해 특단의 대책을 세웠다. 양적완화(quantitative easing, QE) 정책을 추진한 것이다.

양적완화는 미국 중앙은행의 신규 달러 발행을[양적] 제한해왔던 것을 해제하는[완화] 것을 의미한다. 즉 달러를 더 많이 찍어내는 것이 양적완화 정책이다. 미국은 그렇게 찍어낸 달러로 금융회사의 채권을 매입하여 파산 위기에 놓인 금융회사를 구제하겠다는 방침이었다.

그런데 이상한 일이 발생했다. 달러를 신규 발행하면 시중에 통화량이 늘어야 하는데 그렇지 않았다. 통상 발행량보다 최소 두세 배 더 많은 달러를 찍어내면 시중 통화량은 최소 두 배는 돼야 하는데 그렇지 않았던 것이다.

범인은 미국의 중앙은행 즉 연방준비제도이사회였다. 연방준비제도이사회는 자신의 금고에 달러를 축적했다. 미국 중앙은행이 경기부양책으로 달러를 추가 발행했음에도 불구하고 중앙은행이 자신

St. Louis Adjusted Monetary Base

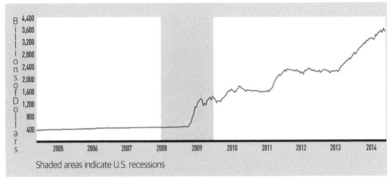

미국 중앙은행의 달러 발행 그래프. 2008년까지 거의 일정했던 발행량이 2009년을 전후해서 급격히 늘어났음을 확인할 수 있다.(https://fred.stlouisfed.org/series/BASE)

M1 Money Multiplier

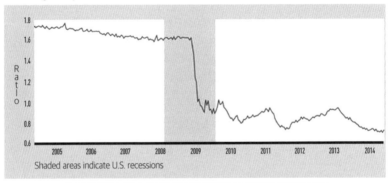

미국의 통화량 그래프. 양적 완화에도 불구하고 통화량이 줄어들고 있다.
(https://fred.stlouisfed.org/series/MULT)

의 금고에 돈을 쌓아두고 정작 돈이 필요한 가계와 기업에게는 보내지 않았던 것이다. 이 같은 현상은 대단히 중요한 두 가지 의미를 내포한다.

Reserve Balances with Federal Reserve Banks

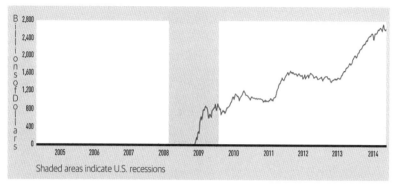

금융위기 발생 전까지 사실상 0에 가까웠던 미국 중앙은행의 달러 보유량은 양적완화 그래프와 거의 동일하게 상승하고 있다.(https://fred.stlouisfed.org/series/WRESBAL)

첫째, 미국 중앙은행을 구성하고 있는 미국의 자산가들도 양적완화 정책으로 미국의 경제가 호전되지 않을 것이라는 점을 알고 있었다는 점이다. 그래서 달러를 자신들의 긴급 자금으로 쌓아두었다. 미국의 중앙은행인 연방준비제도이사회는 우리나라와 같은 정부 부처가 아니라 철저하게 미국의 자산가들로 구성된 사적 집단이다.

둘째, 미국의 이 같은 조치는 미국 이외 다른 국가들의 금융정책 결정가들에게 미국을 더 이상 신뢰할 수 없는 집단으로 규정하기에 충분했다. 그동안 서유럽의 자본주의 국가들은 미국의 경제 패권 아래에서 그 혜택을 누려왔다고 해도 과언이 아니다. 그러나 미국발 금융위기 이후 보여진 미국의 이기적 행태는 서방 자본주의 국가들로 하여금 미국 중심의 금융질서 내에서 더 이상 혜택을 누릴 수 없다는 판단을 하게 만들기에 충분했다.

저물어가는 패권과 중국의 부상

이때 바람처럼 등장한 국가가 바로 중국이었다. 중국은 미국의 신뢰가 바닥을 치는 바로 그 시점에 아시아인프라투자은행(Asian Infrastructure Investment Bank; AIIB) 설립을 제안했다. AIIB는 아시아 국가들의 도로나 철도, 항만 등과 같은 인프라 건설 자금을 지원하기 위한 국제적 금융기구다. AIIB가 던지는 메시지는 간명하다. "미국 주도 경제체제 아래에서 힘들었지? 이제 AIIB로 와라. 여기서 경제적 혜택을 같이 누리자!"

러시아, 인도, 브라질은 말할 것도 없고 영국, 독일, 프랑스, 캐나다 등 서방 자본주의 국가들이 대거 AIIB에 합류한 배경이다. 따라서 2008년 미국발 금융위기와 중국의 AIIB 제안 그리고 많은 자본주의 국가들의 AIIB 가입은 미국의 경제적 패권이 사실상 붕괴되고 있음을 보여주는 일련의 과정이었다. 이제 더 이상 국제사회는 미국 중심의 경제질서에 순응하지 않는다.

미국 경제적 패권의 쇠퇴는 정치적 후과를 낳았다. 미국은 중국을 봉쇄하기 위해 필리핀과 말레이시아, 인도네시아, 베트남 등 동남아시아 국가들에 심혈을 기울여왔다. 그러나 이들 나라 역시 모두 AIIB에 가입했다. 경제적 지위의 하락이 정치적 영향력의 하락으로 이어지고 있음을 단적으로 보여주는 사례다.

2017년 7월 8일 영국의 일간지 가디언은 직전에 열린 G20 회의의 가장 큰 변화로 "미국 영향력의 가시적인 쇠퇴"를 지목했다. 파리기후 변화협정과 자유무역이 주 의제였던 당시 G20 회의에서 '1대 19의 구도'가 만들어졌다는 것이다. 여기서 1은 미국을, 19는 미국을 제외한 나머지 G20 국가를 가리킨다.

미국의 고립현상은 또 있다. 2017년 12월 트럼프 정부는 예루살렘을 이스라엘의 수도로 선언하고 주이스라엘 미국 대사관을 예루살렘으로 옮기려고 시도했다. 유엔안보리는 미국의 이 같은 결정을 무효화시키기 위한 결의안을 채택하고자 했다. 미국의 거부권 행사로 결의안 채택은 무산됐지만 미국을 제외한 14개국 안보리 이사국은 이 결의안에 찬성 의사를 피력했다.

미국의 패권이 지속되는 동안 한국을 비롯한 많은 국가들은 정치적·군사적·경제적 이유 등으로 미국의 패권에 편승해왔다. 그러나 이제 미국은 정치적·경제적으로 다른 국가에게 긍정적 영향력을 줄 수 있는 능력도, 의지도 점차 소멸해가고 있는, '저물어가는 패권국'일 뿐이다.

북한과
미국은
친구가 될 수
있을까

IV

21세기
한미동맹을 읽는
네 개의 키워드

1. 미군기지: 세계사에 유례가 없는 규모와 시설을 갖춘 평택

'용산 시대'에서 '평택 시대'로?

미8군은 제2차 세계대전 중이던 1944년에 창설되어 남서태평양 일대에서 일본군과 전투를 벌였다. 일본의 항복선언 이후에는 도쿄에 지휘부를 설치하고, 일본에 대한 군정 임무를 담당했다. 1950년 한국전쟁이 발발하자 미8군은 가장 먼저 한반도에 투입됐다. 1953년 7월 27일 정전협정 체결 이후에도 한반도에 잔류했고, 지금까지 주둔하고 있다.

미8군 사령부가 주둔한 곳이 바로 용산이다. 용산의 미군기지는 삼각지 로터리에서 이태원 입구에 이르는 서울시의 중심부에 자리하고 있어 서울의 정상적인 발전을 가로막고 있다는 비판을 오래전부터 받아왔다. 이곳 지하를 통과하는 지하철 4호선이 거의 직각으로 우회할 수밖에 없었고, 인근 지역은 층수 제한의 건축 규제로 주민들이 큰 피해를 입어왔다. 동작대교는 1978년 10월에 착공해서 1984년 11월에 개

통되었는데, 동작대교 건설 당시 미군기지 이전 계획이 있었다. 그래서 기지 부지를 통과하는 도로를 건설하고, 후암동길을 연결해서 서초동 - 반포동 - 이촌동 - 후암동 - 남대문 - 시청 - 광화문으로 이어지는 한강다리를 건설하려고 했다. 그런데 미군기지 이전 계획이 중단되면서 동작대교는 다리 북단이 끊어진 형태를 띠게 됐다.

용산은 우리의 아픈 외세 침략 역사를 오롯이 간직하고 있는 공간이다. 1882년 임오군란 때 청나라 군대가 주둔하면서 외국 군대의 용산 주둔 역사가 시작됐다. 바로 이곳에서 청나라 군대가 흥선대원군을 납치해서 텐진으로 압송했다. 1884년 갑신정변 때부터 시작해서 1894년 청일전쟁과 1904년 러일전쟁, 일본의 조선강점기까지 일본 군대가 계속 주둔했다.

일본의 패망 이후엔 미군이 자리를 잡았고, 지금에 이르렀다. 1894년 청일전쟁 이후 오늘까지 용산에는 단 하루도 외국 군대가 주둔하지 않은 날이 없었다. 그만큼 외세의 등쌀에 바람 잘 날 없었던 우리의 근현대사를 상징하는 곳이 용산이라고 할 수 있다.

그래서 '용산 시대'라는 표현은 우리의 가슴을 참으로 아프게 한다. 용산 시대는 1945년 8월 15일 해방과 더불어 막을 내렸어야 했다. 그런데 해방 이후에도 용산 시대는 계속됐다. '일본군 주둔 시대'에서 '미군 주둔 시대'로 그 의미가 변한 용산 시대는 2017년을 기점으로 막을 내리고 있다. 하지만 안타깝게도 용산 시대의 폐막은 외국군 주둔 시대의 폐막이 아니라 '캠프 험프리스'로 대표되는 평택 시대의 새로운 시작을 의미한다.

용산 시대와 평택 시대는 다르지 않다. 수도 서울의 도심지에 미군이 존재하지 않는다는 마음의 위안을 줄 뿐 전국에 흩어져 있던 미군기지들이 평택으로 집결되는 기지 재배치 이상의 의미를 갖지 못한다. 전국에 흩어졌던 '모든' 미군기지가 모이는 것도 아니다. '일부' 기지는 여전히 용산 시대의 그 위치에 그대로 잔류한다. 용산에 있던 미군기지 역시 '일부는' 그 자리에 그대로 남는다.

평택 시대의 개막을 앞두고 '용산기지 누더기 반환'이라는 표현이 언론에 자주 등장했다. 1998년부터 시작된, 중간에 중단됐다가 노무현 정부 때 다시 시작된, 용산기지를 포함한 미군기지 이전 및 재배치 사업의 애초 계획은 용산의 미군기지가 모두 반환된다는 전제 아래 추진됐다. 그러나 시간이 지나면서 용산기지에 잔류하는 부대가 늘어났다. 본래 한미연합사령부가 잔류할 계획이었으나 서울시의 반대와 국민 여론 때문에 그 옆의 국방부 건물로 들어가는 것으로 계획이 변경됐다. 그러나 헬기장 및 한미간 연락부대 부지는 그대로 용산기지에 남는다. 따라서 용산기지를 공원화하겠다는 계획은 정상적으로 추진할 수 없게 됐다. 경기도 동두천과 의정부 일대의 미2사단 기지 일부 기지 역시 그대로 남는다. 해당 지자체들의 반환 기지 활용 계획 역시 수정이 불가피한 상황이다. '누더기 반환'이라고 하는 첫번째 이유다.

한편 용산기지는 토양 오염이 치유되지 않은 상태에서 반환된다. 2017년 11월 29일 한국 정부와 주한미군 측은 용산 미군기지 지하수 환경 조사 결과를 공개했다. 기지 내부의 지하수를 측정했는데, 1급 발암물질인 벤젠의 경우 기준치의 500배가 넘게 검출됐다. 기지 밖에서 측정한 것 역시 400배가 넘었다. 기름의 유출 여부를 알 수 있는 지표의 총석유계 탄화수소 역시 기지 내부에서는 12배가 넘게 나왔고, 외부에서는 6배가 초과했다.

녹사평역의 지하수가 대량의 기름에 의해 오염됐다는 사실이 확인된 것은 2001년의 일이다. 서울시가 시료를 채취해서 분석한 결과 용산기지 내 주유소에서 유출된 기름이 지하철 터널 안으로 들어간 것으로 밝혀졌다. 서울시는 2003년부터 70억 원가량을 들여 용산기지 주변 지역의 지하수 정화작업을 벌였다.

그럼에도 기지 주변 지하수에서는 계속 기준치 이상의 석유 오염물질이 검출됐다. 비판 여론이 빗발치자 환경부는 주한미군 측과 세 차례에 걸쳐 환경조사를 하기로 하고 2015년 5월에 1차, 2016년 1월에 2차, 2016년 8월에 3차 조사를 진행했다. 당연히 조사 결과를 공개하라는 요구가 이어졌다. 그러나 환경부는 조사 결과가 외교 관계 사항이라면서 공개를 거부했다.

민주사회를변호사모임(민변)이 행정소송을 제기했다. 2017년 11월 환경부와 주한미군 측이 공개한 것은 법원이 민변의 손을 들어주었기 때문이다. 재판부가 "미군기지가 그 주변 지하수의 오염원으로 의심되는 상황이므로 조사 결과에 대한 국민의 알권리 보장의 필요성이 크다"면서 조사 결과를 공개하라고 판결한 것이다. 기지 내의 지하수 오염도가 기지 밖의 오염도보다 높다는 것은 기지 내의 오염된 지하수가 기지 밖으로 흘러나왔다는 것을 의미한다. 2001년부터 제기된, 상식에 가까운 의혹을 확인하는 데 무려 17년의 시간이 걸렸다.

거액의 돈을 챙겨 도망치는 것을 '먹튀'라고 한다. 용산기지는 '먹튀'의 반대되는 경우라고 할 수 있다. 오염물질을 뱉어놓고 나가는 것이니 '뱉튀'라고 해야 할까. 아니면 더러운 물질을 토해놓고 나간다고 해서 '토튀'라고 해야 할까. 어떻게 부르건 간에 자신들의 오염물질을 그대로 둔 채 '튀는' 것은 분명하다.

자발적 사대근성

미군기지 이전 협상은 노무현 정부 때 마무리됐다. 기지 이전은 주한미군의 재배치와 동의어다. 따라서 '미군 재배치'라고 해야 맞는 표현이다. 미군 재배치가 목적이고 기지 이전은 재배치 과정에서 필요한 행정실무적 요소이기 때문이다. 그런데 이 과정에서 상당한 논란이 일었다.

첫 번째 논란은 이전 비용 문제였다. 한미 양국은 기지 이전 비용에 대해 '요구자 부담 원칙'을 합의했다. 용산기지와 같이 한국 측이 요구하는 기지 이전은 한국 측이 그 비용을 부담한다. 파주, 의정부 등에 위치한 미 2사단과 같이 미국 측이 요구하는 기지 이전은 미국 측이 비용을 담당한다.

두 번째 논란은 미군 재배치의 목적이었다. 노무현 정부 때 추진됐던 미군 재배치는 한반도 방어 목적이라기보다는 미국의 아시아 지역 전략 그리고 세계전략의 일환으로 추진됐다. 당시 미국은 한국군에 대한 전시작전통제권을 반환하고 주한미군의 전략적 유연성을 확보하는

등 주한미군의 역할을 한반도 방어에서 한반도 이외 지역에서의 군사
작전군으로 변경하고 있었다. 주한미군 재배치와 기지 이전은 바로 주
한미군의 역할 변경에 따른 것이었다.

따라서 '요구자 부담 원칙'에 의해 용산기지 이전 비용을 우리 정부
가 부담한다는 것 역시 상식에 어긋난다. 미국이 2사단 등 전국에 흩
어져 있던 미군기지를 통폐합시키는 목적이 주한미군의 역할 변경에
있다면, 용산기지에 주둔하던 미군이 평택으로 이전하는 것 역시 주한
미군의 역할 변경에 따른 것이기 때문이다.

어느 경우가 됐건 미군기지 이전 협상이 대단히 불평등하고 굴욕적
이었다는 것은 변함이 없다. 물론 이 같은 불평등하고 굴욕적인 협상
의 책임을 노무현 정부에게만 돌릴 수는 없다. 냉전 시기부터 한미동맹
은 불평등한 구조를 갖고 있었다. 미국에 안보를 의존해야 했던 냉전적
환경이 지배했다. 또한 '자발적 사대근성'이라고 해도 과언이 아닐 정
도로 정치·경제·군사적 예속을 자처했던 군부 독재가 지속되었다. 그
과정에서 형성된 대미 굴종적 외교문화 속에서 노무현 정부는 대미 협
상의 자율성을 확보하기 어려웠다.

'자발적 사대근성'이라는 표현을 불편하게 혹은 불쾌하게 여길지도
모르겠다. 그러나 미국의 요구나 압력이 있기도 전에 스스로 알아서
미국의 불편한 기색을 해소한다거나 미국의 이해관계를 대변하려 하
는 '자발적 사대근성'은 오랜 역사를 갖고 있다.

1988년 8월 16일 경향신문 9면에 "용산이 서울 상징공원 된다"라
는 제목의 기사가 실렸다. 한미 양국 정부가 용산기지의 지방 이전 원칙

에 합의했다는 내용이다. 이에 따라 서울시가 100만 평에 달하는 '용산 신공원' 구상을 세우고 있다는 보도였다. 1987년 6월항쟁의 결과 대통령 직선제가 실시되고 노태우 당시 민정당 후보는 '작전통제권의 환수' '용산기지의 이전'을 대선 공약으로 내걸었다.

그 후 한미 양국은 용산기지 이전 협상을 본격화했다. 위 기사는 그 협상 과정과 내용을 소개한 것이다. 그리고 1990년 6월 25일 이상훈 당시 국방부장관과 루이스 C. 메네트레이 주한미군사령관 사이에 서울도심지 소재 미군부대의 이전을 위한 기본합의에 관한 대한민국 국방부와 주한미군사령부간의 합의각서'(이하 '합의각서')가 체결됐다.

이 '합의각서'는 용산기지 이전과 관련하여 "국방부와 주한미군사가 동의할 수 있는 개략적인 요구사항을 정의"하고, "종합이전계획을 발전시키는 데 적용된 일반조건 및 지침을 제공"하는 것을 목적으로 했다. 합의각서 4조는 국방부와 주한미군사가 합의한 18개항에 달하는 '이전 기본원칙'을 명기하고 있는데, 중요한 대목만 소개하면 아래와 같다.

1. 전체 기지 이전 완료는 1996년 말을 목표로 하되, 주한미군사 규모의 장래 변화에 따라 이전 일정과 이전 규모는 상호 합의에 의해 조정될 수 있다.

3. 이전의 결과로 인해 주한미군사의 전투준비태세나 연합작전능력에 어떤 약화도 있어서는 안 된다.

5. 주한미군사를 서울로부터 오산-평택 지역으로 이전하되, 필요 시, 상호 합의에 의해 기타 지역으로 이전될 것이다.

7. 국방부는 건축, 안전 및 공간상의 미국 기준을 충족하고 미국 요원의 생활의 질을 유지할 수 있는 토지와 대체시설을 주한미군사에 제공하며 동시 설은 완전하고 안전하며 사용 가능한 것이어야 한다.

9. 국방부는 주둔군지위협정(소파) 규정에 의거하여, 적절한 진입로를 포함하여 오산-평택 지역의 신기지 이전완료에 추가적으로 소요되는 토지를 획득하여 주한미군사 측에 공여한다.

13. 국방부는 주한미군사의 이전을 위한 자금을 제공한다.

14. 국방부는 남성대 부근에 미 측이 수용할 수 있는 임시 대체골프장 시설을 제공한다. 임시 대체골프장 시설은 주둔군지위협정(소파) 규정에 의거 미8군에 의해 관리되고 운영되며, 이전 완료 시 임시 대체골프장 시설

은 국방부에 반환된다.

15. 국방부는 임시 대체골프장 시설에 대해 미군이 수용한 날로부터 2년 동안 모든 주요 하자에 대해 설계, 건설, 작업의 질을 보증하여야 하며 이 2년 기간 동안 정상적인 정비 및 유지를 위해 요구되는 것과 그 밖의 모든 수리비 제공에 합의한다.

16. 주한미군사는 국방부가 합의된 단계적 이전 일정표에 기술된 대로 모든 사전조치를 완료한다는 가정 하에 임시 대체골프장 시설들이 주한미군사에 의해 수용되면 미8군골프장을 폐쇄한다. 미8군골프장 부지의 대부분의 반환과 관련한 세부계획은 국방부에 의해 제공되는 건설자금으로 주한미군사에 의해 작성되고 계약된다.

간략하게 정리하면 1996년까지 오산-평택으로 주한미군사령부를 비롯한 용산 주둔 미군을 옮기고, 주한미군의 생활의 질이 미국 기준으로 충분히 보장될 정도로 기지 시설을 보장하며, 한국 측에서 이전 관련한 모든 재정을 책임진다는 것이다. 골프장은 다른 시설에 비해 더 각별하게 취급하고 있다. 평택기지에 골프장을 완공할 때까지 국방부는 임시의 대체골프장을 제공해야 하며, 대체골프장 시설 역시 미군이 만족할 만한 질을 보장해야 하고, 미군이 임시 골프장을 사용하는 동안 골프장의 정비, 유지, 보수에 들어가는 모든 비용 역시 국방부가 부담한다고 적시했다.

합의된 내용을 보면 미국 측에 대단히 유리하다. 대체 부지 제공은 말할 것도 없고 미군의 안전과 생활 및 근무공간 요구조건, 사기, 복지, 휴양시설 등 기지와 관련한 모든 시설의 이전 및 제공 등의 일체의 비용을 한국 측이 부담하도록 되어 있다. 미 육군성 공간 기준은 미군뿐 아니라 미군에 고용된 민간인에게도 동일한 규정이 적용된다. 한국 정부는 대체부지 외에도 새롭게 조성되는 평택기지로의 원할한 접근성을 보장하기 위해 인근 토지까지 제공해야 한다.

그런데 1991년에 접어들면서 한미 양국은 위의 '합의각서'가 형식적으로 대단히 심각한 오류가 있다는 사실을 알게 되었다. 자칫 '합의각서'가 무효가 될 수도 있는 심각한 형식적 하자였다. 한미 양국은 이 하자를 수습하기 위해 1991년 5월 15일 SOFA 합동위원회를 개최하고 'SOFA 합동위원장 각서'를 채택했다.

이 각서는 "1990년 합의각서가 합법적이고 구속력이 있다는 것을 인정할 필요가 있"으며 "합의각서는 SOFA 규정에 따라 유효하다"라고 적시했다. SOFA 규정에 의하면 한미 양국은 각각의 합동위원장을 둔다. 1991년 당시 한국 측의 합동위원장은 반기문 외교부 미국국장이었고, 미국 측의 합동위원장은 로널드 R. 포글먼 미 공군 중장이었다. 'SOFA 합동위원장 각서'에는 "1991년 5월 20일 긴급조치에 의해 승인되다"라고까지 적고 있다.

상식적으로 생각해보면, 1990년 '합의각서'가 합법적이고 구속력이 있으면 그 자체로 합의는 유효하다. 굳이 SOFA 합동위원장이 합법적이고 구속력을 가지며 그래서 유효하다고 긴급하게 승인할 필요가 없다. 따라서 역설적이게도 1991년 'SOFA 합동위원장 각서'는 1990

년의 '합의각서'가 합법적이지 않을 수 있고, 구속력을 갖지 못할 수도 있으며 그래서 그 합의가 유효하지 않을 수 있다는 것을 암시한다. 즉 1990년의 '합의각서'가 정당성이 없다는 것을 인식한 SOFA 합동위원장이 '합의각서'에 정당성을 부여하기 위해 별도의 각서를 체결했던 것이다.

SOFA 협정에 근거하면 1990년 한국의 국방부장관과 주한미군사령관이 체결한 '합의각서'는 법적 효력이 없다. 관련 SOFA 규정은 아래와 같다.

> **제2조 시설과 구역 – 공여와 반환**
>
> 1.
>
> (가) 합중국은 상호방위조약 제4조에 따라 대한민국 안의 시설과 구역의 사용을 공여받는다. 개개의 시설과 구역에 관한 제협정은 본 협정 제28조에 규정된 합동위원회를 통하여 양 정부가 이를 체결해야 한다. '시설과 구역'은, 소재의 여하를 불문하고, 그 시설과 구역의 운용에 사용되는 현재의 설비, 비품 및 정착물을 포함한다.
>
> <중략>
>
> **제28조 합동위원회**
>
> 본 협정의 시행에 관한 상호 협의를 필요로 하는 모든 사항에 관한 대한민국 정부와 합중국 정부 간의 협의기관으로서 합동위원회를 설치한다. 특히, 합동위원회는 본 협정의 목적을 수행하기 위하여 합중국의 사용에 소

> 요되는 대한민국 안의 시설과 구역을 결정하는 협의기관으로서 역할한다.
> 합동위원회는 대한민국 정부 대표 1명과 합중국 정부 대표 1명으로 구성하
> 고, 각 대표는 1명 또는 그 이상의 대리인과 직원단을 둔다.

SOFA 규정상 미군기지의 시설과 구역에 관한 모든 협정은 합동위원회를 통해 한미 양 정부가 체결해야 한다. 1991년 5월 15일 각서를 체결했던 반기문과 로널드 포글만이 당시 한미 양측의 합동위원장이었다. 따라서 SOFA 규정상 기지 이전과 관련한 모든 협정은 반기문과 로널드 포글만이 참여하는 합동위원회에서 논의하고, 양 정부를 대표하는 기관이 체결해야 한다.

그런데 1990년 합의각서는 한국의 국방부장관과 미국의 주한미군사령관이 체결했다. 이건 법적 근거와 정당성을 갖지 못한다. 1년이 지나고 나서야 그 같은 문제점을 발견하고 그 하자를 바로잡기 위해 SOFA 규정상 기지 이전 협상을 할 합법적 권한을 갖고 있는 양국의 SOFA 합동위원장이 '사후 정당화'를 위해 1991년 'SOFA 합동위원장 각서'를 별도로 체결한 것이다.

안기부의 비밀문건

반기문과 로널드 포글만이 SOFA 합동위원회 각서를 체결한 직후, 이번엔 비밀문건 하나가 작성됐다. 그 비밀문건에는 '용산기지 이전 합

의각서 관련 대책 필요'라는 제목이 달려있다. 이 비밀문건은 "1990년 합의각서가 절차면에서 위헌성이 있고, 내용면에서도 불평등하다는 여론이 대두"되고 있다고 적었다. 또한 1990년 '합의각서'에 대해 "국방부와 외교부 일각에서 국방부장관과 주한미군사령관이 서명한 것은 무효라는 견해를 보이고 있"으며 "설령 유효라 하더라도 기지 이전 비용으로 1조 2,000억원이 소요되는 합의각서는 국민에게 중대한 재정적 부담을 지우는 조약을 체결할 경우 국회 동의를 받도록 하고 있는 헌법 60조 위반 시비의 대상이 될 수 있다"는 우려까지 상세하게 적었다.

이 비밀문건은 한국 측 안기부가 작성한 것이었다. '안기부 대책 문건'은 'SOFA 합동위원장 각서'에 대해서도 언급하고 있는데, 이 부분은 좀 더 충격적이다. 1991년 5월 13일 포글만 미국 측 SOFA 합동위원장이 한국 측 SOFA 합동위원장인 반기문을 찾아가 "'1990년 합의각서'의 합법성을 인정하는 내용의 서류에 서명할 것을 강요"한다. 반기문은 "서명을 거절해왔으나, 미군 측의 반발을 의식하여 5월 20일 서명"한다. 포글만이 서명할 것을 강요한 서류가 바로 'SOFA 합동위원장 각서'였다. 그런데 '안기부 대책 문건'은 이 각서 역시 "미군 측이 일방적으로 작성"한 것이라고 적었다.

안기부 대책 문건은 마지막으로 "국방부, 외교부 일각에서 1990년 합의각서에 대한 논란이 지속되고 있는데다 학계에서조차 위헌성이 짙다고 주장하고 있어, 조만간 야권, 언론, 대학가, 재야단체 등에 인지됨으로써 합법성 시비와 함께 반미감정 유발 등 새로운 정치쟁점이 될 가능성이 있"다고 동향을 적었다. "동 각서 서명절차가 외부에 노출되어 언론에 보도되는 일이 없도록 보안에 유의함과 동시에 외부에 노출시 위헌성, 불평등성 등에 대한 대응논리를 조속히 개발하여 대비"할 것을 관계당국에 촉구했다.

이 세 개의 문건을 통해 우리는 1990년과 1991년 당시 용산기지 이전 협상의 전말을 파악할 수 있다. 1990년이면 소련의 붕괴와 냉전의 해체 과정에서 미국 쪽에서 안보전략의 변화를 모색하던 시기였다. 특히 1989년 미 의회에서 주한미군의 3단계 감축안을 담고 있는 '넌-워너 수정안'이 통과되어 미군 감축 및 그에 따른 기지 이전 계획을 모색하던 때였다. 그래서 한미 양 당국은, 특히 미국 측은 1988년부터 진행되어 오던 용산기지 이전 협상을 서둘렀던 것으로 보인다.

SOFA 규정을 꼼꼼히 검토하지 않고 기존의 협상기관이었던 한국의 국방부와 미국의 주한미군 측이 합의각서를 체결했다. 그런데 미국측이 합의각서가 갖는 형식적 하자를 발견하게 됐고, 이 하자를 해결하기 위해 1991년 5월 SOFA 협정상의 기지 이전 협상 주체인 SOFA 합동위원장 각서를 통해 '사후 정당화'를 시도했다. 그 과정에서 주한미군 측은 반기문 한국 측 합동위원장에게 고압적인 자세로 그들이 '일방적으로 작성해온 각서'에 서명할 것을 강요했던 것이다.

한편 안기부도 이 같은 사실을 파악했다. 외교부와 국방부 일부 관료들이 1990년 합의각서의 절차적 하자를 제기하고 있었고, 국내 학자들(안기부 대책 문건에는 서울대 백충현 교수의 이름이 적시되어 있다) 역시 위헌 소지가 있다는 있다는 의견을 피력하고 있었다. 안기부는 이 같은 사실이 야당이나 언론 그리고 재야단체 등이 인지하고 반발하는 상황을 우려했으며 '대책 문건'을 시급히 작성하여 "보안에 유의하고 노출 시 대응논리를 개발"할 것을 관계기관에 지시 혹은 당부한 것이다.

당시 이상훈 국방부장관이나 반기문 SOFA 합동위원장 그리고 안기부 등의 행위는 '자발적 사대근성'이 아니면 설명하기 어렵다. 이상훈 장관으로 대표되는 국방부 관리들은 법적 근거가 없는 협상을 진행하고 합의각서까지 체결하는 월권행위를 했다. 협상을 서두르는 미국의 입장을 그대로 따랐다. 협상 권한을 갖고 있는 한국 측 SOFA 합동위원장인 반기문은 주한미군의 요구에 굴복했다. 미군 측이 일방적으로 작성한 각서에 서명함으로써 미국의 '사후정당화' 작업에 복무했다. 안기부는 협상의 전반 과정이 절차적 하자가 있고 위헌 소지가 있음을 인지하고서도 그것을 바로 잡는 것이 아니라 관계기관에 '은폐 대책'을 세우도록 요구했다.

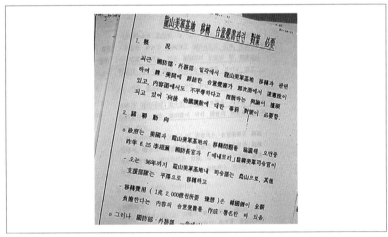

2003년 10월 폭로된 용산기지 이전과 관련한 안기부 대책 문건.(출처: 통일뉴스)

용산기지 이전 협상은 한국 정부가 먼저 요청한 것이다. 그러나 협상 과정은 이토록 철저하게 미국의 주도 하에 진행됐다. 왜 그랬을까. 미국의 이해관계가 더 컸기 때문이다. 주권 국가로서는 상상도 할 수 없는 이 같은 상황 속에서 2006년을 목표로 추진되던 용산기지 이전 사업은 또 다시 미국의 주도 아래 협상이 중단됐다. 1989년부터 추진 하던 주한미군 감축 계획을 중단시켰기 때문에 용산기지 이전 협상을 진행할 이유가 사라졌던 것이다. 한국 측이 요구했기 때문에 이전 비용을 우리가 부담해야 한다고 주장하던 정부 관리들은 미국의 요구에 끌려다니기만 했다. 재주는 미군이 부리고 돈은 한국이 모두 부담하는 비상식적인 상황이 용산기지 이전 협상 내내 계속됐다.

국회의원들마저…

'1990년 합의각서', '1991년 SOFA 합동위원장 각서', '1991년 안기부 대책문건'이 공개된 때는 2003년 10월이다. 미군기지 이전과 관련한 한미 협의가 본격화된 시점이었다. 용산기지 이전(YRP) 협정이 2004년 7월, 미2사단이 포함된 연합토지관리계획(LPP) 개정 협정이 2004년 10월 체결됐다. 2003년 10월 8일 오마이뉴스는 '1990년 합의각서'를 단독 입수하여 공개했다. 그 전에도 합의각서가 존재한다는 사실은 알려져 있었으나 문서 자체가 공개되지는 않았다. 기지 이전 협상이 본격화되고 있었기 때문에 많은 시민사회단체들은 합의각서 공개를 요구했으나 국방부는 "협의가 진행 중인 사항"이라며 거부했다.

따라서 10월 8일 오마이뉴스의 보도는 상당한 파장을 일으켰다. 정부가 법까지 무시해가면서 미국의 요구를 모두 수용했다는 사실이 합의각서를 통해 확인됐기 때문이다.

반기문은 문서가 공개되던 2003년에 청와대 외교안보수석이었다. 이 문서가 공개되고 4개월이 지난 2004년 1월엔 외교부장관으로 '승진'했다. 13년 전 굴욕적인 미군기지 이전 협상의 주역이었던 인물이 노무현 정부에서 외교안보정책의 수장이 되었던 셈이다. 미국의 요구를 수용하지 않으면 미군이 철수하고 한국 안보는 치명적인 위협을 받는다는 사고로 무장한 '자발적 사대근성'을 가진 사람들이 노무현 정부 시절에도 기지 이전 협상을 주도했다. 법적인 하자를 갖고 있었던 '1990년 합의각서'는 '1991년 SOFA 합동위원장 각서'로 해결됐다는 전제 아래 협상이 진행됐다.

2003년과 2004년의 기지 이전 협상은 1990년 협상의 연장선에 있다. 2003년 시기 용산기지 이전 협상의 또 하나의 쟁점은 용산기지의 잔류 면적이었다. 미국은 28만 평을 요구했고, 한국 정부는 17만 평을 주장했다. 2003년 12월 5일 국회의원의 거의 절반에 달하는 147명의 국회의원들이 입장문을 발표했다.

이들은 "미국은 자신들의 요구(28만 평)가 받아들여지지 않을 경우 한미연합사와 유엔사까지 한강 이남으로 이전하겠다"라고 주장하고 있다면서, 한미연합사와 유엔사가 한강 이남으로 이전하면 "주한미군의 수도권 방어 기능"이 사라지고 "해외자본 철수와 투자 급감, 대외 신인도 하락 등의 피해"가 발생할 것이기 때문에 28만 평의 잔류 면적을 확보해달라는 미국의 요구를 한국 정부가 받아들여야 한다고 주장했다. 이 입장문에는 정대철 등 당시 여당이었던 열린우리당 국회의원들도 참여했다. '자발적 사대근성'을 가진 국회의원들이 여야를 망라해 포진해 있었던 셈이다.

그런데 이들의 주장은 당시 현실에도 부합하지 않았다. 이들이 입장문을 내기 20여일 전이었던 2003년 11월 20일, 주한미국 부대사는 한국의 인터넷 언론사 기자들을 만난 자리에서 "한미 간에 한미연합사와 유엔사를 완전히 오산 평택으로 이전하기로 11월 19일 합의가 이뤄졌다"라고 말했다. "용산에는 '드래곤 힐'이라는 호텔 한 곳만 숙소용으로 남게 될 것"이라고 덧붙였다. 11월 19일 합의에는 한국의 국방부 정책실장과 미국의 리처드 롤리스 국방부 차관보가 참여했다.

공화당 정부건 민주당 정부건 미국은 자국민의 '안전과 삶의 질'을 최우선에 두는 원칙 아래 이전 협상을 진행했다. 한국은, 그 어떤 정부가 들어서건, 자국민의 '안전과 삶의 질'은 사실상 배제한 채 '미군(가족과 민간인 종사자를 포함하여)의 편의와 미국 정부의 요구'를 최우선에 두는 원칙 아래 이전 협상을 벌여왔다. '북한의 위협'과 '한국의 안보'를 명분으로 말이다.

2. 전시작전권:
가장 놀라운 형태로 주권을 양도한

'평시'는 없고, '환수'는 거짓이다

1994년 12월 1일, 한국군의 '평시' 작전통제권(작통권)이 한국군에 반환됐다. 우리는 그렇게 알고 있다. 그러나 한반도는 '평시'라는 개념이 존재하지 않는 특수한 지역이다.

1950년 7월 한국군의 작전통제권이 유엔군총사령관에게 넘어갔다는 사실을 우리는 잘 알고 있다. 당시 사령관이 더글라스 맥아더였다는 것도 잘 알려진 사실이다. 한국 정부와 한국군은 이 같은 상황에 대해 상당히 만족해 했다. 세계에서 가장 강력한 미국이 우리의 군대를 '작전통제'하고 우리의 안보를 지켜주고 있으니 두말할 필요가 없는 일이었다.

노태우 정부 들어서면서 작전통제권 환수 문제가 부상했다. 1987년 대통령 선거에서 노태우 후보는 용산기지 이전 외에 작전통제권 환수도 공약으로 제기했다.

1992년 한미 양국은 1994년 12월 1일까지 한국군의 '평시' 작전통제권을 반환하기로 합의했다. 그 이전까지 작전통제권은 '평시'와 '전시'의 구분이 없었다. '평시'의 개념이 처음 등장한 것은 1990년 미 국방부의 의회 보고서다. 당시 미국은 주한미군 3단계 감축 계획을 추진하고 있었는데, 이 보고서는 '평시' 작전통제권을 미군 2단계 감축 기간(1993~1995년)에 한국에 반환한다는 계획을 담고 있었고, 실제 이 계획대로 한미 간 협의가 진행됐다(물론 이때도 미국의 영문 표기는 '평시'가 아닌 '정전시'였다).

'평시' 작전통제권 반환 협상 역시 용산기지 이전 협상과 마찬가지로 노태우 정부가 요구한 것이지만 철저하게 미국이 주도했다. 미국이 작전통제권을 '전시'와 '평시'로 구분하자고 하면 그대로 따랐다. 미국 측이 1994년에 반환하겠다고 하면 그대로 수용하는 수동적 태도로 일관했다.

아이러니한 것은 미국과의 협상에서 수동적인 태도로 일관하던 우리 국방부가 한반도 상황에서는 존재하지 않는 '평시'라는 용어를 사용하는 창의력을 발휘했다는 점이다. 평화협정이 체결되지 않고 정전협정이 효력을 발휘하고 있는 한반도는 전시(wartime)와 정전시(armistice period)가 존재할 뿐 평시(peacetime)는 존재하지 않는다. '평시' 작전통제권 반환을 합의한 1992년의 한미 합의문 영문본에도 '정전시 작전통제권'(armistice operational control)이라고 표현되어 있다. 그러나 국문본에는 '정전시'라는 용어가 들어가야 할 자리에 '평시'라는 용어가 사용됐다. 그 후 우리 국방부는 말할 것도 없고 모든 정부 공식 문서 그리고 모든 언론들은 '평시 작전통제권'이라는 용어를 사용했다. 국방 안보 전문가들 역시 잘못된 용어를 바로잡기는커녕 무비판적으로 수용함으로써 마치 한반도에 '평시'라는 상황이 존재하는 듯한 착시효과를 불러왔다.

그러나 분명히 하고 넘어가야겠다. 정전협정이 평화협정으로 바뀌지 않는 이상 한반도에는 '평시'란 없다. 현재 한반도에는 한국전쟁이 재발하는 '전시'와 정전 상태가 지속되는 '정전시'밖에 존재하지 않는다. 한반도는 '전쟁을 중단한 상태'지 '전쟁이 끝난 상태'가 아니다.

또 하나 짚을 것이 있다. 1994년의 '평시'(정전시) 작전통제권 환수가 주권 회복의 의미를 갖지 못한다는 사실이다. 당시의 협상 과정을 다시 들여다보자.

미국은 작전통제권 반환을 위해 두 개의 방안을 마련했다. 1안은 한미연합사령관의 권한과 책임 등을 문서화하고 한미 군사연습에서 적용한 후 '평시' 작전통제권을 이양하는 것이다. 이에 반해 2안은 전시와 '평시' 구분 없이 전체 작전통제권을 이양하되 연합사령관에게 지시권을 부여하는 것이었다.

2안은 좀 더 상술할 필요가 있다. 2안에 따르면 한미연합사령관은 연합지시권(CODA: Combined Directive Authority)을 갖는다. 연합지시권은 작전계획을 수립하고 지시를 할 수 있는 권한, 연합 합동교리를 개발하고 전파할 수 있는 권한, 연합 연습 및 훈련 임무를 부여하고 실시할 권한, 연합 임무 수행을 의한 전투편성 및 부대 운용 권한, 연합 임무 부여를 위한 부대 전개를 지시하고 통제할 수 있는 권한 등을 포함한다. 작전 통제와 관련한 이런 권한을 작전통제권 반환 후에도 한미연합사령관 즉 주한미군사령관이 행사한다는 것이 2안의 요지라고 할 수 있다.

한미 사이의 협의 결과 최악의 방안이 결정됐다. 1안과 2안이 섞여버린 것이다. 한국군이 '평시'(정전시) 작전통제에 필요한 일부 권한 행사를 철회(withdrawal)하고, 한미연합사령관에게 필요한 기능과 권한을 위임하기로 합의했기 때문이다. 어떤 과정을 통해 이 같은 결론에 도달했는지 확인되지는 않는다. 다만 미국이 작전계획 수립, 훈련 실시, 부대 편성, 부대 통제 등과 같은 중요한 권한을 한국군에 돌려주지 않고 그대로 행사하는 새로운 안을 만들어냈고, 한국이 이에 동의한 것만큼은 확실하다.

군대의 기본 임무는 작전계획을 수립하고, 훈련을 실시하고, 부대를 편성 혹은 통제하는 것이다. 그런데 1994년의 '평시' 작전통제권은 한국군의 기본이면서도 핵심적인 임무에 대한 통제권을 한미연합사령관 즉 주한미군사령관에게 '위임'했기 때문에 '평시'의 형식적인 작전통제권만을 환수했다고 봐도 무방하다. 실질적인 군사 주권의 회복은 없었다. '평시' 작전통제권을 행사할 수 있게 되어서 '평시'의 군사 주권을 회복했다고 착각하고 있을 뿐이다.

미국 주도 통합사령부에서 유엔군사령부로 둔갑

1950년 6월 25일 한국전쟁이 발발하자 미국과 유엔은 빠르게 움직였다. 6월 25일 유엔안보리는 즉시 회의를 소집하고 '적대행위 즉각 중단'과 '북한군의 38선 이북으로의 퇴각'을 요청(call for)하고, 한국에 있던 유엔위원단에게 '북한군의 철수 여부를 관찰하고, 한반도 상황을 가급적 빨리 안보리에 알려줄 것'을 요구(request)하는 한편 유엔이 이 문제를 해결하는 데 필요한 모든 지원을 해줄 것을 유엔 회원국들에게 요청(call on)하는 결의안을 채택했다. 이틀 동안 상황을 파악한 유엔안보리는 6월 27일 "북한군의 남한에 대한 무력 공격은 평화의 파괴에 해당한다"라는 결의안을 채택했다.

그러나 북한군은 38선 이북으로 퇴각하지 않았고, 유엔안보리는 7월 7일 또 다른 결의안을 채택했다. 여기서 '유엔군사령부' 창설이 결정된다. 그러나 이 결의안은 우리가 상식적으로 알고 있는 것과는 차이가 있다. 7월 7일 결의안에서 유엔안보리는 "미국이 통솔하는 통합사령부(Unified Command)에 군사력과 그외 필요한 다른 지원을 해달라"고 모든 유엔 회원들에게 요청했다. '유엔안보리가 관할하는 '유엔사령부'(UN Command)가 아니라 미국이 통솔하는 통합사령부였기 때문에 7월 7일 안보리 결의안은 통합사령관의 임명권이 안보리가 아니라 미국에 있다고 밝혔다. 다만 안보리는 통합사령관의 재량에 따라 국제연합기를 사용할 수 있다고 했을 뿐이다.

7월 31일 채택된 안보리 결의안에도 통합사령부라고 표기되어 있다. 통합사령부와 유엔사령부는 그 책임과 권한에서 분명한 차이가 있다. 유엔사령부와 달리 통합사령부는 유엔안보리에 대한 어떤 책임도 지지 않는다. 통합사령관은 자신의 임명권자인 미국의 대통령에 대해

85 (1950). Resolution of 31 July 1950

[S/1657]

The Security Council,

Recognizing the hardships and privations to which the people of Korea are being subjected as a result of the continued prosecution by the North Korean forces of their unlawful attack,

Appreciating the spontaneous offers of assistance to the Korean people which have been made by Governments, specialized agencies, and non-governmental organizations,

1. *Requests* the Unified Command to exercise responsibility for determining the requirements for the relief and support of the civilian population of Korea and for establishing in the field the procedures for providing such relief and support;

2. *Requests* the Secretary-General to transmit all offers of assistance for relief and support to the Unified Command;

3. *Requests* the Unified Command to provide the Security Council with reports, as appropriate, on its relief activities;

1950년 7월 31일 안보리 결의에도 통합사령부라는 표현이 보인다.

서만 보고 의무를 갖는다. 7월 7일 안보리 결의안이 통합군사령관이 아닌 미국으로 하여금 통합사령부의 책임 하에 취해지는 행동에 대해 보고서를 제출할 것을 요청(request)한 이유가 여기에 있다.

그렇다면 통합사령부라는 명칭은 언제부터 유엔사령부라는 명칭으로 바뀌게 된 것일까. 바로 이 지점에서 이승만 대통령이 등장한다. 1950년 7월 14일, 임시 수도였던 대전에서 이승만 대통령은 '유엔군총사령관'인 더글러스 맥아더(Douglas MacArthur)에게 편지를 보냈다. 바로 이 편지가 70년 넘게 한국군의 작전통제권을 '유엔군사령관'에게 이양하는 역사적 문건이 됐다.

이 편지에서 이승만은, 맥아더가 "유엔군 최고사령관에 임명된 사실"을 언급하며 "현재의 적대행위가 지속되는 동안 대한민국의 육해공 모든 병력에 대한 지휘 권한을 맥아더에게 양도한다"라고 밝혔다. 이 편지는 두 가지 사실을 알려준다.

첫째, 이승만은 7월 7일 유엔안보리가 창설한 것을 '유엔군'(United Nations Forces)이라고 못을 박았다. 7.7 안보리결의안의 '통합사령부'(Unfied Command)라는 용어는 보이지 않는다. 이승만의 독자적 판단이었는지 미국과의 협의를 통한 것인지는 확실하지 않지만, 7월 31일 안보리 결의안에서도 사용되는 '통합사'라는 용어가 7월 14일 이승만 서한에서는 거부된 것이다.

둘째, 이승만은 맥아더에게 한국 육해공군 전체에 대한 '지휘권한'(command authority)을 양도하려 했다는 사실이다. 지휘권과 작전지휘권(operational command authority)은 완전히 다른 개념이다. 작전지휘권은 지휘권의 하위 권한이다. 지휘권은 인사, 작전, 군수, 군대 편성 등 군에 관한 모든 분야를 망라한 '군 전체에 대한 통수권'이다. 우리는 이승만이 맥아더에게 양도한 것이 '작전통제권'으로 알고 있지만 이승만이 넘기려고 했던 것은 사실상 '군통수권'이었다.

7월 16일 무초 주한미국대사는 맥아더의 답신을 동봉한 서한을 이승만에게 보냈다. 무초는 여기서 '유엔군'이라는 표현을 사용하지 않는다. 그렇다고 '통합군'이라는 표현도 사용하지 않았다. '7월 14일 이승만 각하의 서한'이라고만 표현했을 뿐이다. 이승만의 서한에 언급된 '유엔군'이라는 표현을 수용한 것인지 여부 역시 확실하지 않다. 다만 7월 13일 미 합참이 작성한 문서는 "7월 7일 안보리 결의에 의하면 유엔 하에 유엔사령부가 설치되지 않았다"는 사실을 적고 있다. 그리고 8월 17일 극동군사령부 보고서에서 유엔사령부(UN Command)라는 표현이 등장한다. 따라서 7월 13일 이후부터 8월 17일 이전까지의 어느 시점에서 미국은 '통합사령부'를 '유엔사령부'로 부르기 시작했다는 것을 확인할 수 있다.

이승만은 고도의 외교적 감각을 가졌던 것일까. 그게 아니면 이미 '통합사령부'를 '유엔사령부'로 바꿔 부르자고 미국과 사전 협의가 있었던 것일까. 어느 경우건 전쟁 발발 이후 도망다니기에 급급했던 이승만이 유엔안보리 내용을 바꾸는 데서는 발 빠르게 움직였다는 것만은 분명하다.

다시 한 번 정리하고 넘어가야겠다. '통합사'로 부르건 '유엔사'로 부르건 사령부의 권한이 유엔에 있지 않고 미국에 있다는 사실은 달라지지 않는다. 어떻게 명칭을 붙이건 간에 그 사령부가 한국전쟁에서 교전의 한 축을 담당했다는 사실 역시 변하지 않는다. 그럼에도 7월 7일 유엔안보리에서 결의한 것은 '유엔사'가 아니라 '통합사'였다는 것은 분명히 해둘 필요가 있다. 또한 미국이 어느 순간 '통합사'를 '유엔사'로 바꿔 부르기 시작했고, '통합사'라는 진짜 호칭은 사라지고 '유엔사'라는 유령 호칭이 공식적으로 사용되었다는 사실도 기억해야 한다. 이 과정에서 이승만 역시 주요한 행위자였다는 사실까지도 분명히 할 필요가 있다.

가장 놀라운 형태로 주권을 양도하다

이제 지휘권 문제로 돌아가보자. 맥아더로서는 사실상 한국군의 통수권이라 할 수 있는 '지휘권'을 마다할 이유가 없었다. "한국군을 나의 지휘 하에(under my command) 두게 되어 참으로 영광"이라는 답신을 이승만에게 보냈다. 그런데 왜 맥아더의 답신은 이승만에게 직접 전달되지 않고 무초 주한미국 대사의 편지에 동봉되어 전달됐을까. 이승만과 맥아더의 서한은 한미 양국의 외교적 행위이기 때문에 미국의 외교를 담당하는 미 국무부가 전달하는 것이 이상한 것은 아니다. 외교적 절차로는 그게 맞다. 아마 이승만의 편지 역시 한국 외교부와 주한미대사관을 경유해서 맥아더에게 전달됐을 것이다.

그러나 단지 그 이유 때문만은 아니다. 맥아더의 답신에서 언급된 것이 '작전 지휘'가 아니라 '지휘'라는 표현에 주목해야 한다. 이승만이 지휘권을 주겠다는 의사를 피력하고 맥아더는 지휘권을 받겠다는 의사를 밝혔다. 그런데 맥아더의 서한을 동봉하면서 보낸 무초의 서한은 이와 다른 입장을 보여주고 있다.

무초의 서한은 이승만 서한에 대한 맥아더의 답신을 전달한다는 사실 외에는 다른 내용이 담겨있지 않다. 이승만의 서한에서 한 단어를 삽입한 것 빼고는 말이다. 그런데 한 단어의 삽입으로 이승만 서한은 전혀 다른 내용이 되어버렸다. 무초는 자신의 서한에서 이승만의 서한을 "현재의 적대행위가 지속되는 동안 대한민국의 육해공 모든 병력에 대한 작전지휘권을 맥아더에게 양도한다"고 적었다. 지휘권 앞에

'작전'(operational)이라는 단어가 삽입됐다.

'지휘권'은 사실상 군통수권이다. 작전지휘권은 지휘권의 일부 즉 군통수권의 일부이다. 무초 대사 즉 미 국무부는 군사작전과 관련한 지휘권만을 양도받아야 한다고 생각한 거다. 그래서 지휘권을 양도한다는 이승만의 서한에 '작전'이라는 한 단어를 삽입해서 작전지휘권만을 받겠다는 의사를 피력했다. 무초의 서한은 '지휘권'을 양도받고자 했던 맥아더의 의사까지도 바꿔버렸다. 이로써 맥아더는 '지휘권'이 아닌 그중의 일부에 불과한 '작전지휘권'만을 양도받게 됐다. 자신의 의

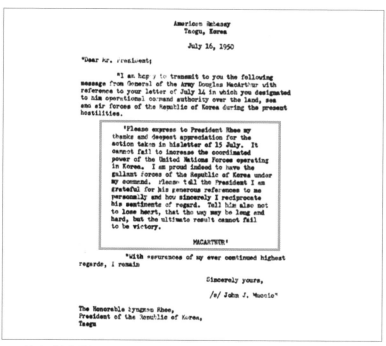

이승만 서한에 대한 맥아더의 답신을 포함한 무초 대사의 서한. 박스 안이 맥아더의 답신이다.

사와 무관하게 말이다.

제2차 세계대전 이후 새로운 대외정책을 수립하는 과정에서 미 국무부와 국방부는 전례 없는 치열한 논쟁을 벌인 바 있다. 특히 점령군 총사령관으로 일본에서의 군정을 책임지고 있었던 맥아더와 미 국무부는 대일 정책을 두고 사활적인 논쟁을 벌였다. 일본군과 치열한 전투를 벌였던 '끔찍한' 경험을 갖고 있는 맥아더는 일본국군주의자들을 단죄하고 일본 군대와 군산복합체를 없애는 정책을 추진했다. 전후 일본을 정치적으로, 군사적으로, 경제적으로 무력화시켜 다시는 전쟁을 일으킬 수 없는 약체국으로 만들고 싶었고 그것을 목적으로 대일 정책을 추진했던 것이다.

그러나 미 국무부의 생각은 달랐다. 장개석이 아닌 모택동이 중국 대륙을 석권할 가능성이 있는 상황에서 미 국무부는 강력한 아시아 파트너가 필요했다. 그래서 일본의 중요성이 급부상하게 되었고 군국주의자들의 씨를 말리려는 맥아더의 점령 정책은 미국의 아시아 파트너를 없애는 것으로 인식됐다. 미 국무부는 미국의 파트너로서 일본이 정치력과 군사력과 경제력을 어느 정도 회복하기를 희망했다. 일본 점령 정책에 대한 맥아더와 미 국무부의 대립은 1950년 7월까지도 이어졌고, 미 국무부는 맥아더가 한국에 대한 사실상 '군통수권'까지 갖는 상황을 막고자 했던 것이다.

또한 미 국무부는 자칫 '지휘권'을 양도받음으로써 이승만의 모든 정책 실패의 책임까지 미국이 떠안을 수 있다고 우려했다. 이승만은 전쟁이 일어나자 자신을 신변을 보호하느라 서울을 탈출하기에 바빴다.

미국무부는 이 같은 사실을 누구보다 잘 알고 있었다.

이승만 정부는 대통령의 고유권한이라고 할 수 있는 군통수권을 편지 한 통으로 넘겨주려고 했다. 아이러니하게도 그 같은 시도는 미국무부에 의해 좌절되었다. 1970년대 3년 동안 주한미군 사령관을 역임했고, 박정희 대통령으로부터 태극무공훈장까지 받았던 리처드 스틸웰(Richard Stilwell)은 "세계에서 가장 놀라운 형태로 군사 주권이 양도됐다"고 지적했다. 이승만 정부의 작전지휘권 이양에 대한 가장 정확한 평가일 것이다.

'통합사령부'가 어느 순간 '유엔사령부'로 둔갑했던 것처럼, 이승만이 넘겨준 '작전지휘권'은 어느 순간 '작전통제권'으로 둔갑한다.

한미 양국 사이에 '작전통제권'이라는 용어가 사용된 것은 1954년 '한미합의의사록'에 합의하면서부터다.

> 국제연합사령부가 대한민국의 방위를 위한 책임을 부담하는 동안 대한민국 국군을 국제연합사령부의 작전통제(operational control) 하에 둔다. 그러나 양국의 상호적 및 개별적 이익이 변경에 의하여 가장 잘 성취될 것이라고 협의후 합의되는 경우에는 이를 변경할 수 있다.

이로써 1950년 7월 16일 무초의 서한에 의해 규정됐던 '작전지휘권'이 '작전통제권'으로 바뀌었다. 지휘(command)가 통제(control)로 대체된 것이다. 아마도 이 같은 대체는 한국 측의 요구였다기보다는 미국 측의 요구였을 것이다. 당시 미국은 한국전쟁의 재발을 막아야 하는 입장이었고, 이승만 정부의 호전적인 '북진정책'을 우려했다. 그래서 미국과 협의되지 않은 이승만의 단독 군사 행동으로 미국이 또 다시 전쟁에 연루되는 상황을 막고자 했다.

한미 상호방위조약이 체결된 것은 1953년 10월 1일이었지만 정작 발효가 된 것은 '한미합의의사록'이 발효된 직후였다. '작전지휘'를 빼고 '작전통제'를 삽입한 미국의 의사는 분명해진다. 미국은 한국군의 단독 행동을 '통제'(control)하고 싶었던 것이다. 게다가 한국군의 북침으로 인해 전쟁이 발생했을 경우 유엔사가 '작전지휘권'을 갖고 있으면, 유엔사에 대한 권한은 미국이 갖고 있기 때문에, 미국은 발을 뺄 수 없게 된다. 자신이 원할 경우 언제든지 발을 뺄 수 있도록 안전장치를 두고 싶었던 거라고 볼 수 있다.

1954년이 '작전지휘권'이 '작전통제권'으로 둔갑한 시기라면, 1978년은 작전통제권의 행사 권한이 유엔군사령관에서 한미연합사령관으로 옮겨진 시기다. 1974년 4월 미국은 유엔사를 대체하여 한국군의 작전통제권을 한미연합사로 이양할 것을 제안한다. 유엔사령부는 정전협정을 관리하는 임무만 담당하고 작전통제권이 필요한 한국 방어는 한미연합사령부가 담당하는 것으로 바꾸자는 것이다. 박정희 정부는 당연히 조건 없이 수락한다. 1978년 11월 7일 사령관은 미국군 대장, 부사령관은 한국군 대장이 맡는 한미연합사령부가 용산기지에서 창설식을 가졌다.

물론 작전통제권이 유엔사령관에서 한미연합사령관으로 이양된 것 자체는 사실 큰 의미는 없다. 동일인물이기 때문이다. '유엔사령관' 모자를 쓴 인물이 '한미연합사령관' 모자로 바꿔 쓰고 자기 자신에게 작전통제권을 이양하는, 웃지 못할 상황이 발생했다. 참고로 주한미군사령관은 4개의 직함을 갖고 있다. 주한미군사령관, 유엔군사령관, 한미연합사령관, 주한미군 선임장교가 그것이다. 미국의 군조직 상으로는 주한미군사령관의 직속 상관은 미 태평양사령관이다. 주한미군과 주일미군 모두 미 태평양사령부 예하 부대다. 그러나 주한미군사령관 즉 한미연합사령관의 계급은 미태평양사령관과 동일한 대장(4성 장군)이다. 이에 반해 주한미군사령관과 동일한 직급인 주일미군사령관의 계급은 중장(3성 장군)이다. 주한미군사령관이 유엔군사령관을 겸임하고 있기 때문에 이 같은 혼선이 빚어졌다.

1994년 작전통제권은, '평시'(정전시)와 전시로 구분됨으로써, 또 한 번의 둔갑술을 펼친다. 1990년대 작전통제권을 환수하고자 했던 노력은 그렇게 좌절된다. 2003년 출범한 노무현 정부는 전시작전통제권 환수를 시도했다. 성공하는 듯 보였다. 그러나 이명박 정부와 박근혜 정부에 의해 전작권 환수 시기는 또 다시 연기되었다.

군사주권이 양도된 형태도 "세계에서 가장 놀라운" 것이었지만, 그것이 유지되고, 작전통제권 환수 합의가 뒤집혀 환수시기가 연기되고 재연기되어 결국 무기한 연기되는 과정 역시 "세계에서 가장 놀라운" 것이었다. 군사 주권 문제에서 "세계에서 가장 놀라운" 일들이 왜 계속됐던 것일까. 다시 '자발적 사대근성'을 가진 사람들이 등장할 때다.

의도적 왜곡, 은폐된 진실

대표적인 보수 매체인 월간조선은 2003년 2월 15일 "군통수권 '예정자'의 無知"라는 제목의 짧막한 기사를 통해 2월 13일 노무현 대통령 당선자가 "막상 전쟁이 나면 한국 대통령은 국군에 대한 지휘권도 갖고 있지 않다"라고 했던 말을 비판했다. 노무현 정부 내내 시끄러웠던 전작권 환수를 둘러싼 '논란'은 이렇게 시작됐다.

그러나 '논란'이라는 표현은 적절치 않다. 네모를 동그라미라고 주장하는 것을 두고 '논란'이 벌어지고 있다고는 표현하지 않기 때문이다. 그것은 '생떼'이고 '억지'일 뿐이다. 당시 상황은 전작권 환수를 반대하는 사람들이 전작권의 진실을 왜곡하고 전작권 환수에 트집을 잡은 것이었다. 그렇다면 월간조선은 무엇을 왜곡한 것이고 어떻게 진실을 은폐하고 있는 것일까.

월간조선의 기사는 첫째, 노무현 대통령이 '작전지휘권'과 '작전통제권'을 혼동하고 있다면서 전시에도 작전지휘권은 한국 대통령이 갖고 있다는 한미연합사 관계자의 말을 인용했다. 즉 노무현 당선자가 미국에 이양하지도 않은 '작전지휘권'을 환수받겠다는 억지 주장을 하고 있다는 것이다. 이 기사는 그 근거로 1950년 7월 14일의 이승만 서한을 아래와 같이 소개했다. 그러나 아래 문장은 이승만의 서한 여기저기 흩어져 있는 단어를 짜깁기하여 하나의 문장으로 둔갑시켜놓은 왜곡물이다.

> 대한민국을 대표해서 유엔군의 군사적 노력을 감안, 모든 유엔군과 한국 내 또는 인근에서 싸우고 있는 육해공군 병력을 당신의 작전통제권(your operational command) 하에 두게 된 것을 기쁘게 생각합니다.

이승만의 서한에는 이런 문장이 존재하지 않는다. 이승만의 서한은 '맥아더 사령관의 작전통제 하에(your opreational command) 유엔군이 대한민국을 위해서 한국 내 또는 인근에서 전투를 벌이고 있다'는 사실을 적시하고, 한국군을 '맥아더의 지휘권(command authority) 하에 두겠다'는 의사를 피력한 것이다. 월간조선이 소개한 위의 '이승만 서한'은 두 개의 문장에 있는 단어들을 적절히 조합하여 원본에 존재하지 않는 전혀 새로운 문장을 만들어낸 것이다.

또한 이 기사는 작전지휘권을 뜻하는 'operational command'라는 영문 표기를 '작전통제권'이라고 번역했다. 실수가 아니다. 기사의 다른 대목에서 작전지휘권과 작전통제권의 영문이 정확하게 표기되어 있기 때문이다.

> 작전지휘권(operational command authority)은 軍 작전뿐 아니라 軍 행정·군수·군기·내부 편성 등에 대한 책임과 권한을 갖는 것으로, 이는 당연히 우리 대통령이 갖고 있다. 이에 반해 전시 작전통제권(operational control authority)은 군사작전에 국한된 것으로 평시엔 한국군이, 전시(데프콘 2 이상)에는 韓美연합사령관(美軍 대장)이 갖는 것으로 돼 있다. 전시 작

> 전통제권은 작전계획이나 작전명령 상에 명시된 특정 임무를 수행하기 위
> 해 위임된 권한일 뿐이며, 총괄적인 지휘권(command)은 우리 대통령이 갖
> 고 있다는 것이다.

따라서 'operational command'를 작전통제권이라고 번역한 것은 의도적 오역이다. 작전통제권과 작전지휘권을 명확하게 구분하고, 작전지휘권을 환수받겠다는 노무현 당선자의 발상을 '無知'한 것으로 매도하기 위해 이승만이 '작전통제권'을 양도했다고 왜곡한 것이다.

'왜곡'의 효과는 권위라는 힘을 빌릴 때 극대화된다. 소위 전문가 혹은 일생을 그 현장에서 종사한 사람의 이야기는 그 자체로 신뢰감을 준다. 전작권 환수를 위한 한미 간의 협상이 사실상 마무리되어 가던 2006년 9월 12일, 조선일보는 초대 한미연합사령부 부사령관을 지낸 유병현 전 합참의장을 인터뷰했다. 조선일보는 "군 원로 중 한미 군사관계에 가장 정통하고, 한국군의 위상을 높인 사람"이라고 치켜세우고, "맹호부대장으로 베트남전쟁 참전, 주미 대사 역임, 한미 관계 등에 이바지한 공로로 6차례 훈장 수여" 등의 경력도 소개했다. 기자가 "우리가 전시 작통권을 가지지 않은 유일한 나라"라는 노무현 대통령의 발언을 소개하자 유병현은 발끈했다.

> 한마디로 거짓말이다. 대통령은 대통령의 직무에 대해 잘 알아야 한

다. NATO(북대서양조약기구)에 가맹한 나라는 초기에 13개 나라였다가 지금은 26개 정도가 됐다. 왜 회원국이 증가했겠나. 26개 국가 모두 작전통제권을 미군 사령관에게 맡겨놓고 있다. 대통령이 이런 사실을 모르고 있다면 '작통권을 갖지 않은 유일한 나라'라고 조언한 참모를 찾아내 처벌해야 한다.

그러나 유병현의 발언은 절반의 진실일 뿐이다. 나토군에 대한 작전통제권을 나토 사령관인 미군 대장이 맡고 있는 것은 사실이다. 그러나 나토군에는 나토에 가입한 국가의 모든 부대가 편제되어 있지 않다. 나토 가입 국가들은 자국 군대의 일부만을 나토에 편제시켰고, 나토에 편제되지 않은 자국 군대에 대한 작전통제권은 해당 국가의 군통수권자가 행사한다. 나토군에 대한 작전통제권이 미군 대장에게 있다는 사실이 마치 나토에 소속된 모든 국가가 자신의 모든 군대에 대한 작전통제권을 미군 사령관에게 맡기고 있는 것처럼 둔갑된다. 인터뷰 기사를 읽은 독자들은 '그런가 보구나' 한다. '대통령' 노무현보다는 '초대 한미연합사 부사령관'의 말에 더 혹하게 된다.

이런 왜곡 과정을 통해 작전통제권과 관련한 진실은 은폐됐다. 이승만이 사실상 군통수권 자체를 넘겨주려고 했다는 진실, 군통수권 자체를 넘기려는 이승만의 시도는 실패했지만 당시 이승만이 양도한 것은 '작전통제권'이 아니라 '작전지휘권'이었다는 진실, 군통수권과 군사주권이 통째로 넘겨진 것은 아니지만 군사주권의 상당 부분이 미국에게 넘겨진 진실은 은폐되고 '왜곡과 공방, 조작과 트집'만 남게 됐다.

이렇듯 한미동맹은 "세계에서 가장 놀라운 형태로" 작전지휘권이 양도되고, "세계에서 가장 놀라운 형태로" 진실이 왜곡·은폐되고, "세계에서 가장 놀라운 형태로" 전시작통권 환수가 좌절된 기록을 보유하고 있다.

작전통제권이 주권과 관련이 없다는 주장이 있다. 이런 주장은 군통수권과 작전통제권을 구분한다. 우리나라 헌법도 대통령이 국군을 통수한다고 규정하고 있다. 이런 주장을 하는 사람들도 "한 국가의 자국군에 대한 통수권은 그 국가의 주권을 보장하기 위한 필수적·본질적 요소"라고 주장한다. 다만, 작전통제권과 군통수권은 다른 개념이기 때문에, "군사적 편의에 의한 보편적인 지휘관계의 형태"인 작전통제권이 다른 나라 사령관에게 양도됐다는 것이 주권의 침해는 아니라는 결론을 내린다. 오히려 "전시작전권 환수에 관하여 우리 스스로 우리 주권이 침해당하고 있다는 주장은 국익에 치명적인 손상을 입히는 것"이라고 강조한다.

군통수권을 행사하지 못하는 것이 주권의 100%가 침해되는 것이라면, 작전통제권을 행사하지 못하는 것은 주권의 50%가 침해됐다고 보는 것이 보편적일 것이다. 'all or nothing' 같은 사고야말로 우리 국익에 치명적인 손상을 입히는 것이 아닐까?

주권 침해의 정도를 따진다면 "군통수권 〉 지휘권 〉 작전지휘권 〉 작전통제권" 순서가 될 것이다. 분명히 군통수권보다는 작전통제권이 주권 침해의 정도가 작은 것은 사실이다. 그렇다고 하여 작전통제권이 주권을 침해하지 않는 것은 아니다. 게다가 위의 주장은 주권침해 정도가 '작전지휘권'보다는 크고, '군통수권'보다는 적은 '지휘권'을 넘겨주려 했던 이승만의 행위에 대해서는 일절 언급을 피한다. 지휘권을 넘겨주려 했던 이승만의 행위에 대한 최소한의 비판이 전제돼야 함에도 말이다. '왜곡과 은폐'로 일관하는 그들의 주장은 작전통제권을 반환받아서는 안 된다는, 오직 그 하나일 뿐이다.

3. 사드: 아직 끝나지 않은 뇌관

한중 관계는 복원됐나

2017년 10월 31일 한국과 중국 양 정부는 동시에 공동보도문을 발표하면서 한중 관계 복원의 시동을 걸었다. 문재인 정부는 출범하자마자 사드 배치로 인해 경색된 한중 관계를 복원하기 위한 다양한 노력을 기울였고, 출범 5개월이 지나 "모든 분야의 교류협력을 정상적인 발전 궤도로 조속히 회복시켜 나가기로 합의"함으로써 한중 관계 복원의 기틀을 마련했다.

박근혜 정부와 달리 문재인 정부는 사드 배치와 관련한 '3불 입장'을 갖고 중국을 설득해왔다. '3불 입장'은 "한국이 MD 체계에 가입하지 않고, 사드 추가 배치를 하지 않으며, 한미일 안보동맹을 추진하지 않는다"는 것이다. 중국은 문재인 정부의 '3불 입장'을 받아들이고 한국과의 관계 복원에 착수했다고 볼 수 있다.

그렇다면 한중 사이의 '사드 배치 문제'는 해결된 것일까. 한중 관계 복원과 발전에서 '사드 배치 문제'는 더 이상 장애요인이 되지 않을까. 일단 문재인 정부는 그렇게 판단하고 있는 것 같다. 2017년 12월 13일 문재인 대통령은 시진핑 주석의 초청을 받아 '국빈 자격'으로 중국을 방문했다. 시진핑이 문재인 대통령을 '국빈 자격'으로 초청했다는 것 자체가 한중 관계 정상화 속도를 보여준다는 것이다. 틀린 말은 아니다.

　　그러나 낙관할 수 없다. 한중 공동보도문, 문재인 정부의 국빈 방중은 관계 복원의 첫발이라고 평가되지만 '사드 배치 문제'가 해결됐다고 보기는 어렵다.

　　중국의 입장을 좀 더 구체적으로 살펴보자. 2017년 11월 13일 아펙(APEC) 정상회담이 열렸던 필리핀 마닐라에서 문재인 대통령을 만난 리커창 중국 총리는 "양국은 최근 단계적으로 사드 문제를 처리하는 데 있어 공동인식을 달성했다"라고 말했다. 왕이 중국 외교부장 역시 11월 12일 베이징에서 열렸던 한중 외교장관회담에서 "얼마 전 양국은 사드 문제의 단계적 처리에 대해 일부 합의를 달성했다"라고 말했다. '단계적 처리'라는 표현에 대해 문재인 정부의 고위 인사는 "우리가 말하는 '스텝 바이 스텝'(step by step)이 아니라 '현 단계에서'(at the current state)라는 의미"라고 해석했다.

　　말도 안 되는 해석이다. '단계적 조치'는 한국의 사드 문제 접근 상황에 따라 한중 관계를 단계적으로 복원하겠다는 뜻으로 해석해야 한다. 우리 정부와 국민들이 가장 관심을 갖는 '사드 경제보복' 역시 단계적으로 해제하겠다는 것이다. 2018년 1월 현재 한국행 단체관광은

'일부 해제' 수준에서 더 이상의 진전이 없다. 2017년 사드 배치로 촉발된 한중 관계 약화는 '복원'됐다기보다는 '봉합'됐다고 보는 것이 타당하다.

이 같은 상황 전개는 보수세력들이 문재인 정부의 대중 외교를 비판하는 데 충분한 근거가 되었다. 2018년 1월 2일 중앙일보의 "중국, 새해에도 사드 보복? 안타깝지만 계속된다"라는 기사가 대표적이다. "중국의 사드 보복은 계속될" 것이라고 전망하는 이 기사는, 그래서 "애초에 3불 합의가 잘못된 결과"라고 주장한다.

그러나 잘못된 것은 '3불 입장'이 아니었다. 이미 꼬여버린 한중 관계를 복원하는 데서 '3불 입장'은 현실적인 출발점일 수 있다. 사드가 배치되어 있는 상황에서 한중 관계를 복원하는 것은 역도와 비슷한 과정이 필요하다. 역도는 인상과 용상으로 나뉘어진다. 인상은 역기를 한번에 머리 위까지 들어올린 후(1단계) 일어서는(2단계) 것이고, 용상은 역기를 어깨까지 끌어올렸다가(1단계) 그대로 일어나 숨을 가다듬고(2단계) 머리 위로 들어올리는(3단계) 것이다. 당연히 인상보다는 용상이 더 좋은 기록을 낼 수 있다. 3불 입장을 통한 한중 관계 복원 시도는 역도에서 1단계에 해당한다. '사드 보복'이 완전히 철회된 한중 관계의 실질적 정상화는 인상처럼 2단계만으로 이루어질 수도 있고, 용상처럼 3단계의 과정을 통해 이루어질 수도 있다. 따라서 한중 관계 복원에 시동을 걸고 있는 현 단계에서 '사드 보복'이 완전히 철회되지 않았기 때문에 문재인 정부의 대중 정책이 잘못됐다고 진단하는 것은 1단계까지 역기를 들어올린 후 2단계를 위해 숨을 고르고 있는 역도선수에게 완전히 들어올리지 못했으니 성공하지 못했다고 단정하는 것과 같다. 스포츠가 됐건 외교가 됐건 모든 일에는 순서가 있고 단계가 있는 법이다.

'3불 합의'에도 불구하고 사드 보복이 철회되지 않았다는 것이 문제의 핵심이 아니다. 오히려 '3불 합의'만으로는 한중 관계의 완전한 정상화가 가능하지 않다는 데에 문제의 핵심이 있다. 사드를 배치할 때 "사드는 중국용이 아니다"라는 주장으로 중국의 '사드 보복'을 막을 수 없었던 것처럼 사드 배치가 완료된 후 "사드를 추가 배치하지 않겠다"라는 입장만으로는 '사드 보복'을 철회할 수 없다. 그렇다면 해법은 무엇이 돼야 할까. 그 해법을 찾기 위해서는 사드가 왜 한반도에 배치됐는가 하는 점을 다시 짚어보아야 한다.

사드, 한반도를 습격하다

사드 배치 논란은 2014년 6월 4일 커티스 스캐퍼로티 주한미군사령관이 "현재 한국의 사드 배치를 위한 초기 검토가 이뤄지고 있"으며 사드 한반도 배치를 미 국방부에 요청했다고 밝히면서 본격화됐다. 같은 해 8월 21일 로버트 워크 미 국방부 부장관이 방한하여 "한국형 미사일 방어체계(KAMD)가 독립적이고 강력하기를 희망한다"면서 "우리가 진정으로 원하는 것은 (사드와 KAMD의) 상호 운용성"이라고 발언함으로써 사드 배치를 공식화했다.

당시 우리 언론은 '사드와 KAMD의 상호운용성'에 초점을 맞춰

KAMD가 미국의 미사일 방어체계에 편입되지 않을 것이라는 분석 기사를 비중있게 다뤘지만 워크 부장관의 발언은 이미 사드 한국 배치를 기정사실화했다는 것을 의미한다. 그리고 9월 4일 동아일보와의 통화에서 미 국방부 고위 관리는 "사드의 한국 배치와 관련한 양국간 의견 조율이 거의 마무리 단계"라며 "이르면 다음 달 배치 결정을 공식발표할 것으로 보인다"라고 말했다. '주한미군사령관의 배치 요청(6월) → 미 국방부의 승인(최소 8월 말) → 한미 협의(9월) → 한미 공식발표(10월)'라는 사드 배치 프로세스가 4개월 만에 속도감 있게 진행되고 있었던 것이다.

그럼에도 불구하고 박근혜 정부는 '3No 입장'을 강조했다. 사드 배치를 요청받은 바도 없고(No Request), 협의도 없었고(No consultation), 결정도 없었다(No decision)는 것이다. '3No 입장' 자체가 신뢰할 수 없는 것이었다. 2014년 6월 주한미군사령관의 사드 발언이 나온 직후 김관진 당시 국방부장관이 "주한미군이 사드를 전력화하는 것은 상관이 없없다"라고 발언하는 등 사드 한국 배치 수용 입장을 피력해왔기 때문이다. 다만 사드 배치를 최종 결정하는 데서 망설였다고 보는 게 타당할 것이다. 중국의 반발이 생각보다 거셌고, 중국과의 경제관계를 고려하지 않을 수 없었던 한국 정부의 사정 때문이었다.

박근혜 정부 시기 '안미경중'이라는 신조어가 외교가를 지배했다. 안보는 미국과, 경제는 중국과 협력한다는 것이다. 미국의 반대에도 중국이 주도하는 아시아인프라투자은행(AIIB)에 창설 멤버로 가입하기로 전격 결정한 것은 '안미경중'의 대표적 사례라고 볼 수 있다.

하지만 사드 배치는 안미경중 외교전략의 취약성을 드러냈다. 한미 양국은 북한이 초래하는 안보상의 문제를 해결하기 위해 사드를 배치하고자 했다. 그러나 중국에게 있어서 사드 배치는 자국의 안보를 취약하게 하는 결정적인 문제였다. 중국이 우려하는 핵심적인 사드 부품은 요격 미사일보다는 레이더 시스템이다. 일명 'X-밴드 레이더'라고 불리는 이 시스템은 탐지거리가 1,800킬로미터에 달한다(최대 탐지거리가 4,800킬로미터에 달한다는 주장도 있다). 2016년 2월 사드 배치 협의를 공식화한 직후 주한 중국대사가 "한중 관계 순식간에 파괴된다" "유사시 한국 안전보장 할 수 없다"라는 위협 발언을 공개적으로 내놓을 정도로 중국은 사드 배치를 중요한 안보 이슈로 설정했다. 따라서 사드 배치가 합의된 2016년 7월 이후 중국의 '사드 보복'은 충분히 예견된 것이었다.

한때 사드가 '중국용'이냐 '북한용'이냐 하는 논란이 있었다. 그러나 그 논란의 진실을 밝히는 것은 심도 있는 군사적, 과학적 지식을 요하지 않는다. 북한이 아니라 중국이 상상을 초월하는 신경질적인 반응을 보였다는 것 하나만으로도 사드가 '북한용'보다는 '중국용'이라는 것을 쉽게 짐작할 수 있다.

설령 사드가 '북한용'이라고 하더라도 별반 달라지는 것은 없다. 첫째, 사드 요격 능력은 아직 검증되지 않았다. 2017년 3월 4일 뉴욕타임스는 상당히 흥미로운 기사를 실었다. "트럼프가 물려받은 유산: 북한 미사일에 대응하는 비밀 사이버전"이라는 제목의 이 기사에 의하면 2014년 오바마 대통령은 사이버 공격과 전자 공격으로 북한의 미사일 시험발사를 방해하라고 펜타곤에 지시했다. 미국의 이 같은 방해는 초기에 성공한 듯 보였다고 한다. 북한이 시험발사한 미사일 중 일부가 공중에서 폭파하기도 하고, 바다로 빠지기도 했기 때문이다. 그래서 미국 관리들은 북한의 미사일 개발 속도를 몇 년이나 지연시킬 수 있다고 생각했다.

그러나 긴 시간이 지나지 않아 회의론이 등장했다. 2016년 하반기부터 북한의 미사일 발사가 다시 성공했기 때문이다. 뉴욕타임스는 오바마 정부와 트럼프 정부의 전현직 관리들과의 인터뷰와 공공기록에 대한 광범위한 검토를 통해 미 국방부가 북한의 핵과 미사일에 대해 효과적으로 대응할 능력이 없다고 결론을 내렸음을 발견했다. 오바마 대통령이 퇴임하면서 트럼프 대통령에게 북한 미사일이 트럼프 정부가 직면하게 될 가장 시급한 문제가 될 것이라고 경고한 것은 그 같은 이유 때문이었다.

그런데 더 중요한 것은, 2014년 오바마 대통령이 북한의 미사일 시험발사에 사이버전과 전자전으로 대응하라는 지시가 아이젠하워 시기 때부터 시도되어왔던 '총알로 총알을 맞추는' 시도 즉 미사일 방어 체계를 구축하기 위한 노력이 결정적으로 실패했다는 결론을 내린 후에 내려졌다고 뉴욕타임스 기사가 밝힌 것이다. 알래스카와 캘리포니아에서 여러 차례 실시된 미사일 요격 테스트는 '완벽에 가까운 조건에서'(under near-perfect conditions) 즉, 북한의 미사일이 어느 위치에서, 어떤 속도로, 어디를 목표로, 어떤 궤적을 그리면서 비행하느냐 하는 미사일 정보를 요격하는 쪽 즉 미국이 완벽에 가깝게 파악하고 있을 때에도 실패율이 56%였다. 그래서 뉴욕타임스는 이렇게 기사를 이어갔다. "사적으로 만난 자리에서 미국 전문가들은 실전 상황에서는 MD 시스템이 더 형편없을 것이라고 경고했다."

임시 배치란 없다

이제 사드 문제와 관련, 가장 중요한 부분을 이야기해야겠다. 2017년 9월 7일 사드 발사대 4기가 추가 배치됐다. 사드 체계는 발사대 6기와 레이더 그리고 48발의 요격미사일 등으로 구성된다. 박근혜 정부 시기 2기의 발사대와 레이더가 배치된 바 있다. 따라서 4기가 추가 배치됐다는 것은 사드 1개 포대가 완성됐음을 의미한다.

반대여론이 거세지자 다음 날인 9월 8일 문재인 대통령은 "안보의 엄중함과 시급성을 감안한 임시 배치"라고 설명했다. 여당인 민주당 역시 "이번 배치는 임시 배치고 향후 일반 환경영향평가를 거친 뒤 신중히 판단할 것"이라고 했다. 문재인 대통령도 "보다 엄격한 일반 환경영향평가 후 최종 배치 여부를 결정하겠다"라고 밝혔다.

그러나 단언컨대, 임시 배치는 없다. 정부 여당이 말하는 환경영향평가는 국방부에서 실시한다. 환경부는 국방부의 환경영향평가가 적법하게 진행되는지 여부를 판단할 뿐이다. 국방부가 자체의 환경영향평가를 실시하고 사드 배치는 타당하지 않다는 결론을 내릴 리가 없다. 더 큰 이유가 있다. 문재인 정부가 한중 관계 복원을 위해 중국 측에 제시했던 3불 입장에는 '사드 추가 배치는 없다'는 입장이 포함됐다. '추가 배치'와 '임시 배치'는 다르다. 이미 기존의 사드 배치를 무효화하겠다는 생각은 애초에 없었던 것이다. '임시 배치'라는 말에서 '추가 배치'라는 말로 바뀌는 순간 '임시 배치를 철회하는 결정'은 시나리오에서 이미 사라진 셈이다.

아이러니하게도 문재인 정부가 들어선 이후 상황은 황교안, 김관진 등 전 정권에서 사드 배치를 밀어붙인 세력들이 바라는 대로 진행됐다. 문재인 정부 출범 이후에도 국방부에는 박근혜 인사들이 버티고 있었다. 발사대 4기가 한국에 추가 도입되어 있다는 사실이 국방부 업무 보고에서 누락되어 청와대가 발칵 뒤집혔지만 상황은 바뀌지 않았다. 오히려 문재인 정부는 4기의 발사대까지 성주 기지에 배치함으로써 박근혜 정부가 시작한 사드 배치를 '완료'했다.

비록 '임시'라는 수식어를 달았지만 그리고 박근혜 정부 때 들여놓은 4기의 발사대라고 하지만 문재인 정부 역시 사드 배치를 '완료'한 책임에서 자유로울 수 없다. 6월 9일 정의용 안보실장은 "사드는 북한의 점증하는 위협으로부터 한국과 주한미군을 보호하기 위한 결정"이라고 했다. 문재인 대통령 역시 6월 20일 "사드 배치 결정은 한국과 주한미군의 안전을 위해 한미동맹에 근거해서 한국과 미국이 합의해 결정한 것"이라고 했다. 북한의 위협 그리고 한국의 안보를 위해 사드를 배치했다는 설명은 박근혜 정부나 문재인 정부나 같았다. 문재인 정부 역시 '기승전-북한' '기승전-사드'라는 논리구조에서 벗어나지 못했다.

문재인 정부의 사드 배치에 결정적인 영향을 미친 것은 7월 4일 북한의 대륙간탄도미사일인 화성14형 발사였다. 그러나 200킬로미터밖에 떨어져 있지 않은 평양 인근에서 발사된 대륙간탄도미사일이 한국의 안보를 위태롭게 한다는 것은 성립할 수 없는 논리다. 핵과 ICBM을 개발하는 북한의 의도 때문이라면 문재인 대통령은 처음부터 사드 배치에 찬성했어야 했다. 7월 4일 북한의 화성14형 발사는 문재인 정부의 사드 배치 입장이 표변할 어떤 이유도 되지 못한다.

원인은 다른 곳에서 찾아야 한다. 박근혜 정부처럼 문재인 정부가 내세우는 '북한의 위협'은 명분일 뿐이다. 결국 사드가 배치된 이유는 '북한'이라기보다는 '한미동맹'에서 찾아야 한다.

2017년 5월 10일 취임한 문재인 정부는 국방부로부터 사드 보고가 누락됐다는 사실을 알고 진상조사를 진행했다. 그 결과 위승호 국방정책실장이 보고 누락을 주도했다는 사실을 파악하고, 6월 5일 그를 전보조치했다. 그리고 6월 7일 사드 기지 환경영향평가를 위한 범정부 합동 TF를 출범시키고, 6월 26일 사드 기지 일반환경영향평가 방안을 결정했다.

이때부터 뭔가 이상한 조짐이 발견된다. '환경영향평가법'에 의하면 환경영향평가는 전략, 일반, 소규모의 세 가지로 나뉜다. 환경영향평가법 제9조에 의하면 "국방·군사 시설의 설치에 관한 계획"은 전략영향평가의 대상이다. 사드 부지는 분명 군사시설이기 때문에 전략영향평가를 해야 한다. 그러나 문재인 정부 국방부는 이미 사드 배치 사업과 기지 조성 사업이 전 정부 때 승인난 것이라는 이유로 전략영향평가 자체를 제외시킨다. 일반적으로 군사시설 관련 개발사업은 전략환경영향평가 - 사업승인 - 공고 - 토지취득 - 설계 - 일반(혹은 소규모) 환경영향평가 - 사업착공의 과정을 거치는데, 이미 사드 관련 일부 부지가 공여됐기 때문에 전략환경영향평가는 시간을 되돌리는 것이라는 논리라 할 수 있다. 그렇게 전략환경영향평가는 생략되고 일반환경영향평가가 결정되었다.

한 가지 문제가 더 있다. 국방부는 2017년 12월부터 소규모 환경영향평가를 준비해왔던 업체에게 일반환경영향평가를 맡긴다. 일반환경영향평가 시간을 조금이라도 앞당기기 위해 미리 준비하고 있었던 업체에게 맡긴 것이다. 환경영향평가를 충분하게 하기보다는 가급적 빨리 마치고자 한다는 인상을 주기에 충분했다.

문제는 또 발견된다. 애초 문재인 정부는 사드 기지 환경영향평가를 위한 범정부 합동 TF를 꾸리고 이것을 총리실에서 주관하도록 했다. 그러나 위에서 보듯이 환경영향평가의 실질적인 주관은 여전히 국방부가 담당하고 있다. 총리실 주관이라는 취지를 무색케 하는 현상이다.

문재인 정부 측에서는 한민구가 7월 13일까지 국방부장관직을 유지하고 있었기 때문에 어쩔 수 없었다는 변명을 할지도 모르겠다. 그러나 7월 14일 국방부장관에 취임한 송영무 역시 인사청문회에서 사드 배치 국회 비준이 불필요하다는 서면 답변서를 낸 바 있으며, 청문회 과정에서도 끝내 국회 비준 필요성에 대한 답변을 하지 않았다. 송영무 장관 역시 적극적인 사드 배치론자였던 것이다.

7월 4일 북한이 첫 번째 화성14형을 쏜 이후 국방부 주도성은 더욱 확실해졌다. 7월 26일 국방부는 소규모 환경영향평가서를 환경부에 제출했다. 이것은 일반평가서가 아닌 소규모 평가서임에 주목해야 한다. 그런데 총리실에서 주관하는 범정부 합동 TF는 7월 28일 일반환경영향평가 실시 계획을 발표했다. 국방부는 '소규모', 범정부 TF는 '일반'이라는 투 트랙이 가동되기 시작했다. 그러면서 등장한 것이 '임시 배치'라는 논리였다. 즉 '소규모' 평가를 진행해서 '임시 배치'를 하고, 최종 판단은 '일반' 평가를 진행한 이후에 내리겠다는 것이다.

'임시 배치'의 허구성은 이미 앞에서 밝힌 대로다. 송영무 국방부장관은 자신이 '사드의 전면적 배치'를 대통령에게 건의했다고 밝혔다. "임시 배치가 완전한 배치를 전제한 것이냐"라는 질문에 "그래서 그렇게 결론이 난 것"이라고 답변했다. 다시 한번 강조하지만 '임시 배치'는 없다.

사드는 미 본토 방어용

사드 배치를 적극 추진한 쪽은 미국이었다. 미국은 사드 계획을 1987년부터 구상하기 시작했고, 방위산업체에 공식적인 개발 제안이 들어간 것은 1990년이다. 1992년 미 육군은 록히드 마틴을 사드 개발의 주계약자로 선정하고, 사드 시험에 박차를 가했다. 1995년 12월 13일 첫 요격 시험에 실패했고, 1999년 5월까지 6차례의 요격 테스트가 모두 실패했다. 1999년 6월 10일은 사드 개발 역사에서 뜻깊은 날이다. 요격 테스트에 성공했기 때문이다. 그런데 이 요격 테스트는 '간이 시험'(simplified test)이었다. 정확한 내용은 파악되지 않지만 요격에 최적화된 조건에서 진행됐을 것으로 짐작된다.

비록 '간이 시험'이었지만 요격에 성공해 자신감을 얻은 국방부와 록히드 마틴은 2000년 6월 기술 및 제조개발(EMD) 계약을 체결하고 사드 개발을 본격화했다. 미 국방부는 2008년 텍사스주 포트 블리스에 있는 미 육군기지에 첫 사드 포대를 창설했다. 약칭 A-4로 불리는 첫 사드 포대는 24기의 요격미사일과 3기의 발사대로 구성됐다. 즉 1기의 발사대가 미사일 8기를 장착한다. 같은 규모의 두 번째 사드 포대는 2009년에 창설됐다. 2013년 4월엔 북한의 중거리미사일에 대비하기 위해 A-4 사드 포대를 괌에 배치했다.

그 이후 록히드 마틴과 미 국방부는 사드 부품 추가 생산 계약을 체결하여 괌에 1개 포대, 텍사스주 포트 블리스에 4개 포대를 운영해왔다. 한국에 배치된 사드 포대는 텍사스에 배치됐던 포대였다. 따라서 미군이 운영하는 사드 포대는 총 5개이며, 괌과 한국에 각 1개 그리고 텍사스에 3개의 포대가 운영되고 있는 것으로 보인다.

미국에게 있어서 사드의 한국 배치는 다목적용이라고 할 수 있다. 첫째, 아직 성능이 검증되지 않았지만 미국을 향하는 북한이나 중국의 미사일을 요격하는 미사일 방어체계 구축의 일환이다. 둘째, 중국에 대한 감시, 견제용이다. 2010년 이후 미국은 중국을 군사적으로 포위하고 견제하는 정책을 적극적으로 추진했다. 중국의 반발을 고려한 사드 반대 여론이 높아지자 미국은 사드 레이더가 북한용으로 고정되어 있다고 주장했다. 그러나 그 같은 주장은 8시간이면 북한 견제용으로 설정된 사드 레이더 모드를 중국용 모드로 전환할 수 있다는 사실이 알려지면서 설득력을 잃었다.

사드가 오직 북한용이라는 한미 양국의 말을 신뢰하더라도 상황은 크게 달라지지 않는다. "사드가 감지하고 요격하고자 하는 것은 태평양을 향해 날아가는 미사일이다. CNN을 비롯한 미국 언론들이 소개하는 사드 관련 이미지를 보면 북한의 미사일은 한국이 아닌 태평양을 향해 비행한다. 사드를 소개하는 그림이나 도표에 등장하는 미사일의 목적지가 괌이건, 하와이건, 로스엔젤레스건, 뉴욕이건 미국의 본토이다. 사드가 요격하고자 하는 북한의 미사일은 한국행이 아니라 미국행이라는 사실을 미국 언론들은 알고 있는 것이다."

중국용이건 북한용이건, 사드가 목적하는 것은 한국 방어가 아니라 미국 방어임을 확인할 수 있다. 미국이 사드 한국 배치를 서두른 이유는 명백하다. 미 본토를 방어하기 위해서다.

4. 안보: 사대근성을 보수로 둔갑시킨

'안보는 보수'라는 거짓말

잠실 롯데월드 맞은편에 괴물처럼 솟아있는 제2롯데월드. 2009년에 착공되어 2016년 12월에 완공됐다. 지상 123층, 우리나라에서는 100층을 넘는 첫 번째 건물이며, 세계에서도 다섯 번째 높이의 건물로 기록되어 있다. 롯데가 제2롯데월드 건립을 구상하며 부지를 매입한 것은 1987년. 롯데그룹은 1994년 100층이 넘는 초고층 계획을 발표했다가 1998년 30~40층 규모로 축소하기도 했으나 2002년 다시 108층 규모로 변경했다.

2009년에 착공했으니 착공하는 데만도 거의 30년의 시간이 걸렸고, 건물의 높이도 축소됐다가 높아지는 과정이 반복됐다. 잠실과 인접한 서울공항의 항로상 고도 문제 때문이었다. 군사공항 인근에 초고층 건물이 들어서면 안보상의 문제가 발생한다며 군에서는 줄곧 반대를 해왔다.

제2롯데월드와 성남 서울공항은 직선거리로 5.7킬로미터 떨어져 있다. 서울공항에 이착륙하는 전투기의 안전을 위해서 높이가 203미터 이상인 건물은 들어설 수 없다는 게 공군의 입장이었다. 게다가 서울공항의 동편 활주로는 각도상 항공기가 뜨고 내릴 때 제2롯데월드 건물이 장애물로 작용할 수 있어 위험하다는 지적이 계속 나왔다.

그런데 이명박 정부 들어 공군의 태도가 180도 달라졌다. 제2롯데월드가 들어서더라도 활주로를 오른쪽으로 3도 정도만 바꾸면 별 문제가 없다면서 입장을 선회했다. 당시 이상희 국방부장관 역시 국회 국방위원회에 출석해 비슷한 입장을 밝혔다. 그 후 제2롯데월드 건설은 속도를 내기 시작했다.

당시에도 많은 의혹이 제기됐다. 이명박 정부가 롯데그룹에게 특혜를 주기 위해 공군에 압력을 가한 것이 아니냐 그리고 특혜의 대가로 무언가 받은 것이 아니냐 하는 의혹이었다.

이 같은 의혹은 결국 사실로 드러났다. 이명박 정부 청와대가 제2롯데월드 건설을 사전에 기획하고 주도한 정황이 담긴 문건이 공개되었다. 이 문건은 1단계로 '정부와 롯데의 비공식 협의', 2단계로 '서울시 행정협의조정위 재심 요청', 3단계로 '행정협의조정위 심의와 결정'을 거쳐 제2롯데월드 준공을 허가한다는 계획을 담고 있다. 이 문건은 2008년 12월 15일 청와대 국방비서관실에서 작성됐다.

활주로 3도 변경은 전경련의 제안이었다. 2008년 4월 대통령이 주재한 '투자활성화 및 일자리 창출을 위한 민관합동회의'에서 전경련이

기업의 대표적인 투자애로사항 사례로 제2롯데월드 문제를 거론하면서 활주로 3도 변경안을 제시했다. 그리고 2009년 공군과 국방부는 이 같은 안을 수용했다.

제2롯데월드는 경제논리와 안보논리가 충돌한 대표적인 사례라고 할 수 있다. 이전 정부에서는 경제논리보다 안보논리가 우선이었다. 안보논리를 앞세운 군의 반대 입장을 수용하지 않을 수 없었다. 노무현 대통령 역시 "(112층 건물 건설과정에서 만들어지는) 3만 5,000개의 일자리가 욕심난다"면서 검토 지시를 내렸으나 당시 공군참모총장이 '비행안전과 작전상의 문제'를 이유로 반대했고 결국 공군 설득에 실패했다.

'안보는 보수'라는 말이 진리로 받아들여지는 사회적 분위기가 있다. 보수세력이, 설령 도덕성 등 다른 부분에서는 결함이 있을지언정 안보만큼은 확실하게 지킨다는 의미를 담고 있다. 그러나 그 명제도 허구에 지나지 않는다는 것을 제2롯데월드 사례는 보여준다. 안보논리 속에서 제2롯데월드 건설에 반대했던 공군의 입장을 선회시킨 것은 보수 정권의 청와대였다. 안보논리를 앞세워 제2롯데월드 건설을 반대했던 공군참모총장을 경질시키면서까지 경제논리를 앞세웠다.

2009년은 북한이 2차 핵시험을 단행하고 이명박 정부는 북한의 핵개발에 따른 안보위협을 강조하던 때였다. 보수의 시각에서 보자면, 경제논리를 앞세우다가도 안보논리를 우선순위로 돌려야 할 상황이었다. 그런데 바로 그 시점에 이명박 정부는 안보보다 경제를 앞세웠던 것이다.

'안보는 보수'라는 명제에 근본적인 의문을 제기할 때가 됐다. 제2롯데월드같이 경제논리를 앞세워 안보논리를 내팽개친 사례는 이명박 정부에서만 나타난 현상은 아니었다.

방산비리는 또 다른 대표 사례다. 역대 정부의 국방정책을 책임지고 있던 사람들은 '안보논리'를 앞세워 외국 특히 미국에서 무기를 사 들이는 과정에서 막대한 부당이익을 챙겨왔다. 린다 김이라는 무기 로비스트가 있다. 김영삼 정부 시절 군 관계자들에게 뇌물을 주고 2급 군사기밀을 빼낸 인물이다. 당시 국방부장관이었던 이양호는 린다 김에게 '러브 레터'까지 보냈다. 개인 이양호의 사적 연애 감정을 문제삼고 싶은 생각은 없다. 다만, 안보를 그토록 부르짖어왔던 '안보주의자'들의 실체가 어떤지는 분명히 짚고 넘어가야 한다. 그들이 내세웠던 '안보'는 결국 자신의 '주머니 안보'라고 해도 과언이 아니다. 자신의 주머니를 두둑히 채우기 위해 '안보논리'를 이용했을 뿐이다.

방산비리는 린다 김 사건 이전에도, 그 이후에도 계속됐다. 전두환·노태우 정부 시절 군전력 증강사업이었던 율곡사업 과정에서 이상훈 국방부장관 등 많은 공직자들이 억대의 뇌물을 받았다. 이명박·박근혜 정부 시기에도 방산비리는 끊임없이 존재했다.

'건강한 보수'는 발끈할지도 모르겠다. 방산비리를 저지르는 '추악한 보수'와 대다수의 '건강한 보수'는 다르다고 말이다. 하지만 '도긴개긴'이다. 지금까지 방산비리로 적발돼서 구속된 사람들 중에 실형을 받은 사람은 거의 없다. 대부분 1심에서 집행유예로 풀려난다. 그리고 그들은 방산업체에 고액 연봉을 받고 입사한다. '건강한 보수'라고 나서는 인사들 치고 방산비리에 대한 이 같은 문제점을 지적하고 고치려는 경우를 보지 못했다.

　그들이 정작 추구했던 것은 '안보논리'도, '경제논리'도 아니었다. 이명박은 말할 것도 없고 대다수의 안보론자들은 '개인의 이익 논리'를 추구했을 뿐이다. 국가안보도, 국가경제도 그들의 관심거리가 아니었다. 다만, 이 책의 목적은 경제논리와 개인 이익논리를 구분하는 것이 아니기 때문에 경제논리라는 포괄적 표현을 사용하고 있다는 점을 이해해주기 바란다.

　그나마 방산비리는 '비리' 행위였기 때문에 솜방망이나마 처벌이 가능했다. 그러나 국가 세금을 누군가의 주머니에 부당하게 채워주면서도 공식적인 정부 활동으로 인정받는 비정상적인 사례도 있다. 이런 행위는 처벌은커녕 도리어 승진의 명분이 되기도 했다.

너무나 비정상적인: 누군가의 주머니 채우기

　2018년 3월 6일 문재인 정부는 황준국 영국 주재 대사를 소환시킬 예정이라고 밝혔다. 황준국 대사는 2016년 영국 대사에 임명됐고 문재인 정부 출범 이후에도 대사직을 유지하고 있었다. 문재인 정부는 왜 황준국 대사를 소환하려는 것이었을까.

　황준국은 한미 방위비분담금 특별협정 체결 당시 '이면 합의' 의혹을 받았던 인물이다. 2016년, 한미 양국은 방위비분담금 9차 특별협정 체결을 위한 협의를 진행하고 있었고 황준국은 당시 한국 측 협상 대표였다. 협상 과정에서 황준국은 사실상 미국의 도감청 시설인 미군 특수정보시설(SCIF)을 평택 험프리기지 등 주한미군기지에 건설하는 비용을 한국 측이 현금 부담하기로 이면 합의를 했다.

2013년 미국의 정보기관에서 일했던 에드워드 스노든이 미국의 정보기관이 세계 각국을 도감청해왔음을 폭로한 사건을 기억할 것이다. 최고의 동맹국인 프랑스 대통령의 관저와 독일 총리의 휴대폰까지 도청한 사실이 밝혀졌다. 따라서 미군 특수정보시설 건설을 위해 우리가 현금 지급을 한다는 것은 우리 대통령의 휴대폰과 청와대를 도청할 수도 있는 시설을 우리의 세금으로 지원하는 꼴이 된다. 2017년부터 '이면 합의' 의혹은 끊임없이 제기됐고, 문재인 정부의 외교부 조사 결과 의혹이 사실로 확인됐다. 황준국이 갑자기 소환된 이유다.

황준국의 '이면 합의' 사건은 안보논리를 앞세워 '남의 주머니'를 채워주었다는 점에서 '자기 주머니'를 채웠던 방산비리와는 다른 유형이다. 그럼에도 불구하고 국민의 공분은 비슷했다. 자신이 됐건 남이 됐건 '부당한 이익'을 챙긴 사실은 같기 때문이다. 하지만 황준국은 방위비분담금 협상 대표를 하고 나서 영국 대사로 영전했다. 그의 '탁월한' 외교능력을 박근혜 정부가 인정한 것이다. '부당한 이익'을 챙긴 주체가 미국이고, 그 같은 '부당한 행위'는 한미동맹을 강화시키는 결과이기 때문에 그의 외교력은 '탁월함'으로 평가됐다. 이렇게 한미동맹은 '부당함'을 '탁월함'으로 바꿔버린다.

1991년 용산기지 이전 협상과 관련해서 미군으로부터 부당한 압력을 받아 '합의 각서'에 서명한 당시 반기문 SOFA 합동위원장의 경우는 '비굴함'이 '탁월함'으로 바뀐 사례라 할 수 있다. 황준국이 영국 대

사로 영전했던 것처럼 반기문은, 비록 시간차가 있긴 하지만, 외교부장
관으로 더 나아가 유엔 사무총장으로 영전했다.

사실 '이면 합의'같은 것이 없었다고 하더라도 방위비분담금 특별
협정은 대단히 특이한 협정으로, 그 자체로 많은 문제를 갖고 있다.
SOFA 협정에 근거하면 주한미군의 주둔비용은 미국 측이 부담하게
되어 있다. 따라서 방위비를 한국과 미국이 분담하는 것은 SOFA 협
정에 위배된다.

> **소파협정 5조 시설과 구역 – 경비와 유지**
>
> 1. 합중국은, 제2항에 규정된 바에 따라 대한민국이 부담하는 경비를 제외
> 하고는, 본 협정의 유효 기간 동안 대한민국에 부담을 과하지 아니하고 합
> 중국 군대의 유지에 따르는 모든 경비를 부담하기로 합의한다.

통상적으로 이럴 경우 SOFA협정을 개정하여 5조의 조항을 바꾸
어야 한다. 그러나 SOFA협정은 손볼 곳이 한두 군데가 아니다. 5조를
개정하려고 하는 순간 의도치 않았던 수많은 개정항목이 드러날 것
이고, 협상 과정에서 한미 양국의 관계 역시 순탄하지 않게 된다. 한
미 양국은 이 같은 상황을 피하고 싶었던 것이고, 그 결과 SOFA 5조
의 조항은 그대로 둔 채 '특별협정'이라는 형식으로 방위비분담금 문
제를 해결한 것이다. 따라서 방위분담금 협정에 붙는 '특별'의 의미는

'특별한'(special)보다는 '예외적인'(exceptive)으로 이해하는 것이 더 정확할 것이다.

SOFA 5조의 규정 때문에 미국은 주한미군의 주둔비용을 스스로 부담해왔다. 그런데 미국은 1988년부터 '공동방위책임'(the responsibilities of the common defense)을 강조하기 시작했다. 주한미군의 방위비를 분담하자는 요구였다. 당시 미국은 무역적자, 재정적자라는 쌍둥이 적자에 시달리고 있었다.

1991년 방위비분담금 특별협정이 처음 체결됐다. 특별협정이다 보니 협정에 명기된 기간이 지나면 다시 협정을 맺어야 한다. 황준국 대표가 '이면 합의'를 한 2016년 협정은 10차 협정이었고, 2년 기한이 지났기 때문에 2018년 11차 협정을 체결해야 한다.

1차 특별협정이 체결될 당시 한국 정부 측의 논리는 단순했다. 방위비를 분담해야 한미의 대등한 관계가 가능해진다는 논리였다. 그러나 '대등한 관계'라는 논리는 '안보논리' '경제논리' 못지않은 허구로, 미국의 주머니를 채워주기 위한 명분에 불과했다.

2007년 신동아는 그동안 미국 측이 한국이 제공한 방위비분담금을 다 쓰지 않고, 축적된 방위비를 미국계 금융회사인 뱅크오브아메리카(BOA) 서울지점에 예치해두고 있으며, 매년 나오는 수백억 원의 이자는 미 국방부로 입금되고 있다는 사실을 폭로했다. 미2사단 이전비용을 위한 것이었다. 2001년 부시 정부가 들어서면서 해외주둔 미군 재배치 일환으로 용산기지와 미2사단기지 등을 평택으로 이전하여 통폐합하는 계획을 추진하고 있었고, 한미 사이에 기지 이전 협상이 진행됐다. 용산기지 이전 비용은 한국 측이 부담하고, 미2사단 이전 비용은 미국 측이 부담하는 것으로 합의됐다. 따라서 한국이 제공하는 방위비분담금을 미국 측이 적립하여 미2사단 비용으로 사용한다는 것은 기지 이전 합의에 위배된다.

그 같은 사실이 드러났을 때 적립된 방위비의 환급을 요구하거나 다음 방위비분담금 협상에서 적립된 액수만큼 방위비 분담액을 줄이는 것이 정상이다. 그러나 지금까지 한국 정부는 단 한번도 협상 과정에서 그 같은 요구를 한 적이 없다. '대등한 관계'는 남의 주머니를 채워주는 명분에 불과했다.

한미동맹은 이렇게 국민의 세금을 '누군가'의 주머니에 채워주는 장치로 작동해왔다. '누군가'는 한국 관료 본인이기도 했고, 미 국방부이기도 했다. 경우에 따라 미국의 군산복합체이기도 했다.

동맹 체제 내에서 벌어지는 부적절한 행위가 있다고 해서 동맹 자체를 문제삼는 것은 분명 비약이다. 그러나 부적절한 행위가 지속된다면 특정 행위 혹은 특정 행위자만의 문제가 아니다. 동맹 자체에 문제가 없는 것은 아닌지 돌아보는 것이 상식이다. 자신의 주머니를 채워주는 방산비리가 근절되지 않고 지속되고 있다. 솜방망이 처벌에 그치고 있으며 비리자들은 어딘가로 '스카웃'되어 간다.

미국의 주머니를 채워주는 '탁월한 외교행위'가 계속되고 있으며, 그들은 외교부장관으로, 영국 대사로 '영전'됐다. 그 같은 패턴이 수십 년 동안 반복되어 왔다면, 동맹 자체에 문제가 있다는 결론에 도달하는 것이 상식이다.

트럼프 정부는 2018년 들어와 통상압력을 강화하고 있다. 한국 GM의 먹튀 우려마저 제기되고 있다. 홍준표 당시 자유한국당 대표는 미국이 통상압력을 가하자 "세계가 모두 힘을 합쳐 북핵 제재로 가고 있는데 정작 당사국인 한국이 어깃장을 놓고 있으나 이를 미국이 가만히 보고 있을 나라는 아니다"라며 미국의 통상압력은 문재인 정부가 자초한 것이라고 주장했다. 미국의 통상압력에 결연히 대응하겠다는 청와대의 입장에 대해 유승민 바른미래당 대표는 "동맹으로서 최선의 전략인지 문제를 제기"했다. 유승민 대표는 아마도 문재인 정부가 좀 더 유연하게 대응할 것을 주문한 듯하다. 그러나 통상압력을 받고 있는 상황에서 '유연함'이란 미국의 압력을 수용하라는 저자세 통상외교에 다름 아니다. 결국 통상 분야에서도 미국의 주머니를 채워주어야 한다는 주장이다.

탄저균, 건강권을 위협한다

2015년 주한미군기지에서 살아있는 탄저균 실험을 했다는 사실이 드러났다. 미국은 '배달사고'였다고 주장하지만 이미 1998년부터 오산 미군기지에 탄저균 실험실을 갖추고 실험해왔다는 사실까지 확인됐다. 살아있는 탄저균 실험은 세균전을 준비하는 것이고, 죽어있는 탄저균 실험은 세균전에 대비한 백신을 준비하는 것이다. 전자는 공격용이고 후자는 방어용이다.

살아있는 탄저균은 유타주에 있는 더그웨이실험장(Dugway Proving

Ground)이라는 군사시설에서만 다룬다. 죽어있는 탄저균은 더그웨이실험장이 아닌 매릴랜드주 애버딘실험장(Aberdeen Proving Ground)에서 만들어진다. 방사선 처리를 해서 안전한 탄저균으로 만드는 것이다. 애버딘실험장은 안전해진 탄저균을 미국의 18개 민간 세균실험실로 보내 탄저균 백신을 만들도록 한다.

더그웨이실험장은 살아있는 탄저균을 다루는 곳이기 때문에 대단히 엄격한 보안장치가 가동되고 있다. 따라서 더그웨이실험장에서 애버딘실험장으로 보내야 할 살아있는 탄저균을 실수로 주한미군기지로 배달했다는 미국의 해명은 납득하기 어렵다. 더그웨이실험장에서 만들어진 탄저균은 오직 애버딘실험장으로만 간다는 사실이 중요하다. 만약 애버딘실험장에서 배달 실수가 생겼다면 그럴 수 있는 일이라고 이해할 수 있다. 20개 가까운 민간실험실로 보내는 과정에서 실수로 오산기지로 보내질 가능성은 있으니까.

이런 사정을 종합해보면 배달사고가 아니라 주한미군기지에서 탄저균 실험을 해왔던 것이 명확하다. 그것이 탄로나니까 '배달사고'라며 둘러댔던 것이다.

주한미군기지에서 생화학전 관련 실험을 '주피터'(JUPITR)라고 부른다. 복잡한 영문의 앞글자를 따서 붙여진 주피터라는 프로젝트는 이미 오래전부터 진행됐다. 2018년 국방부 예산평가서에 따르면 미국방부는 2018년에도 '주피터' 프로젝트에서 '살아있는 세균 테스트'를 하겠다는 계획을 세우고 있다. 부산항 8부두에 '주피터' 관련 시설을 확보해놓았다는 사실이 폭로되어 부산 시민들의 큰 항의를 받기도 했다.

고위험병원체 종류
- 세균 및 진균 -

페스트균	Yersinia pestis
탄저균	Bacillus anthracis
브루셀라균	Brucella melitensis, Brucella suis
비저균	Burkholderia mallei
멜리오이도시스균	Burkholderia pseudomallei
보툴리늄균	Clostridium botulinum
이질균	Shigella dysenteriae Type 1; Verotoxin 또는 Shigatoxin 생성
클라미디아 프시타키	Chlamydia psittaci
큐열균	Coxiella Burnetii
야토균	Francisella tularensis
발진티푸스균	Rickettsia prowazekii
홍반열 리케치아균	Rickettsia richettsii
콕시디오이데스균	Coccidioides immitis, Coccidioides posadasii
콜레라균	Vibrio cholerae 01·0139

질병관리본부가 제작해서 배포하고 있는 팸플릿에도
탄저균이 고위험병원체임이 적시되어 있다.

한미동맹은 미국의 세균전 준비를 돕는 동맹이었다. 이것은 분명 한국민의 이익에도 반하고, 세계 인류의 보편적 가치 기준에도 부합하지 않는다. 동맹은 국민의 평화권과 건강권을 규정하고 있는 헌법보다, 모든 생화학무기와 관련한 세균을 국내로 들여올 때는 보건복지부장관의 승인을 받아야 한다는 국내법보다 위에 있다.

우리나라 '감염병의 예방 및 관리에 관한 법률'에 따르면 탄저균은 '제1급 감염병'으로 지정되어 있으며, 국민은 이에 대한 정보를 알 권리가 있고, 국가는 관련 정보를 공개할 의무가 있다.

질병관리본부가 제작한 팸플릿에도 적시되어 있듯이 탄저균은 고위험병원체다. 고위험병원체를 국내로 반입할 때는 반드시 보건복지부장관의 승인을 받아야 한다. 그러나 주한미군기지에 배달된 탄저균은 보건복지부장관의 승인을 받지 않았다. 사전 통보도, 사후 보고도 없었다. "합중국 군대에 탁송된 군사화물은 세관검사 대상에서 제외된다"라는 SOFA 규정 때문이다. 주권의 치명적 손상, 건강권의 치명적 위협이 아닐 수 없다.

1979년 모스크바 동남쪽 150킬로미터 지점에 위치한 스베르들롭스크에서 2개월 동안 약 2,000명의 주민이 실험실에서 유출된 탄저균 포자에 노출돼 고열과 기침에 시달리다가 사망한 사고가 있었다. 치사율이 무려 95%에 달했다. 탄저균의 잠복기는 60일이다. 한국 사회를 들었다 놓았던 메르스의 잠복기는 14일이었다. 탄저균이 국민의 안전을 얼마나 심각하게 위협하는지 충분히 유추할 수 있다.

2015년 탄저균 사건이 발생했을 때, 그 즉시 관련 미군기지를 폐쇄하고 역학조사를 실시해야 했다. 또한 실험이 몇 차례 있었는지, 어떤 계획에 의해 실험이 진행됐는지 진상조사가 이루어졌어야 했다. 그러나 이 사건은 유야무야됐고 여전히 부산 8부두의 주피터 관련 시설은 유지되고 있다.

안보에 저당잡힌 주권

2018년은 4.3항쟁이 일어난 지 70년이 되는 해다. 2018년 3월, 대학생들에게 4.3 관련 교육을 할 때였다. 4.3 사건은 미군정과 이승만 세력에 의해 자행된 '빨갱이 사냥'이었다. 제주도민은 군경의 탄압에서 살아남기 위해, 단독정부 수립을 막기 위해, 미완의 민족해방을 위해 진행된 제주도민의 집단 행동이었다. 이 과정에서 미국은 결정적 역할을 담당했다. 그래서 4.3 사건 전체 과정에서 미국이 어떻게 행동했는지 설명하고, 4.3의 진상규명을 위해 미국의 책임을 물어야 한다고 주장했다.

그때 대학생 한 명이 "4.3사건이 아직도 사회적으로 많이 알려져 있지 않은 것 같다. 어떻게, 무엇을 해야 하는가?"라고 물었다. 나름의 답변을 들은 그 학생의 입에서 "우리나라는 아직도 독립국가가 아니군요"라는 혼잣말 같은 중얼거림이 나왔다.

그 학생의 말처럼, 동맹 논리에 기초해 형성된 한미 관계는 대한민국의 '독립국가성'을 해치고 있다. 독립국가의 실체는 주권에 있고, 주권의 실체는 자기결정권이다. 사드를 배치하면서 "미국의 요청을 받아 우리가 결정했기 때문에 주권 침해가 아니다"라는 김관진 식의 정신승리법에 기초한 자기결정권 말고 자신의 이익을 위해 자신의 말과 행동을 결정하는 본래적 의미의 자기결정권 말이다.

한미 사이의 중요한 결정은 모두 '합의'의 형태로 나타난다. 합의는 양 당사자의 입장이 투영된 용어기 때문에 한미 사이의 결정은 모두 대등한 논의의 결과로 비쳐진다. 그러나 방위비분담금 특별협정은 미국의 요청을 한국이 수용한 것이다. 평시(정전시) 작전통제권 환수 당시 평시의 중요한 권한이 연합권한 위임사항으로 주한미군 사령관에게 넘겨진 과정 역시 미국의 요청을 한국이 수용한 것이다.

미군기지 내에서의 환경오염은 말할 것도 없고, 녹사평역 기름유출 사건에서 확인되듯이, 미군기지 내에서 기름이 흘러 민간인 생활구역으로까지 침투해도 한국 정부가 취할 수 있는 조치는 거의 없다. 환경 오염이 갖는 민감성 때문에 간혹 미국은 반환기지 환경오염을 치유하겠다는 입장을 내기도 하고, 실제로 한미 사이에 그와 관련한 협상이 벌어지기도 한다.

그 경우 오염도 측정 기준과 정화 기준을 마련하는 것이 중요하며 특히 정화 책임 소재가 결정적으로 중요하다. 그러나 미군이 설정한 오염도 측정과 정화 기준이 한미 양국의 기준이 된다. 이와 관련하여 미국이 강조하는 것이 '인간 건강에 대한 널리 알려져 있고 급박하고 실질적인 위험'(KISE: Known, Imminent, Substantial Endangerment to human health)이라는 기준이다. 그런데 토지 오염도의 KISE의 초과 여부는 미군사령관이 판단한다.

2005년 협상 과정을 간단히 소개하겠다. 당시는 미군기지 이전과 반환 협상이 진행되던 시기였다. SOFA 환경분과위원회에서 환경과 관련한 의제를 다루었고, 여기서 기지 오염과 치유 문제가 논의됐다. 환경을 다루는 문제였기 때문에 한국 측에서는 환경부가 SOFA 환경분과위원회를 이끌었다. 협상 과정에서 미군 측은 자체 조사 결과 KISE를 초과하지 않았다고 주장하면서도 근거 자료를 제시하지 않았다. 환경부가 이에 반발하면서 협상은 아무런 진전이 없었다.

그러자 국방부가 개입했다. 환경 문제를 한국과 미국 국방 당국자들의 협의체인 안보정책구상(SPI) 회의 의제로 올려버린 것이다. 이 회의에서 미 국방부는 유류저장탱크 제거, 사격장 내 불발탄 제거 등의 조치를 취하겠다는 입장을 통보했다. 그러나 기지 내의 탱크를 제거하고 불발탄을 제거하는 것은 토지오염 치유가 아니었기에 한국 국방부는 미국의 제안을 거부했다. 미국 또한 자신들의 제안이 KISE 이외의 조치라는 점을 인정했고, KISE 기준을 초과한 오염은 없다는 기존의 입장을 고수했다.

한국 측은 한미 공동 환경조사를 실시하고 그것을 토대로 양측 전문가들이 참여하는 치유 수준 협의를 제안했다. 그러자 미국은 지하저장탱크 제거, 소화기사격장 납과 구리 오염 토지 제거, 부유기 제거 외에 더이상 조치할 것이 없다는 입장을 통보했다. 2006년 1월이었다. 그리고 6개월의 조치기간을 거쳐 그해 7월 미국 측은 해당 조치가 완료됐다면서 15개 기지를 반환하겠다는 입장을 통보했다.

한국 정부는 미국 측의 일방적 통보를 수용했다. 당연히 수용의 결과는 '합의서' 형태로 나왔다. 이것을 대등한 협상이라고 할 수는 없다. 협상의 과정은 분명 있었다. 그 과정에서 팽팽한 줄다리기도 있었다. 한국 측의 기준과 입장을 제기하기도 했다. 그러나 논의 과정은 비정상적인 측면이 지배했다. SOFA 환경분과위원회의 한국 측 대표는 환경부가 맡았다. 협상이 지지부진하자 국방부가 나서서 국방부가 주관하는 회의체로 안건을 옮겼다. 환경 의제를 국방부 간 협의체로 옮겼다는 것은 그 자체로 안보의제의 하위 의제가 됐다는 것을 의미한다. 고양이에게 생선을 맡긴 셈이라고나 할까.

한국의 국방부는 결국 미국 국방부의 요구를 수용했다. 초기에 제시했던 한국 측의 기준과 입장은 온데간데없이 사라지고 미국의 기준과 입장만이 남게 됐다. 2006년 4월 주한미군사령관은 예비역 장성 모임인 성우회 초청 연설에서 "현재 기지 반환이 지연되고 기지 관리 유지에 매월 50만 달러를 지불하고 있다"라며 "상호 입장이 다른 이 문제에 대해 (한국 측이) 일방적으로 처리를 강행한다면 오히려 한미동맹에 저해가 될 것"이라고 말했다.

한국 측이 일방적으로 강행 처리하면 한미동맹에 저해가 되고, 미국 측이 일방적으로 강행하면 한미동맹이 강화된다는 역설. 안보에 저당잡힌 한국의 환경 주권. 과연 한국은 독립국가라고 할 수 있을까.

이 협상은 노무현 정부 시절에 진행됐다. 보수정권에 비해 상대적으로 자주지향적이고, 상대적으로 개혁지향적이었던 노무현 정부 시절에 독립국가성이 이 같은 상처를 받았다면, '보수는 안보'를 외쳐왔던 보수정권 시절의 독립국가성이 얼마나 큰 상처를 받아왔을지는 굳이 설명할 필요가 없다.

진보와 보수를 막론하고 역대 한국의 정부는 '굳건한 한미동맹'의 신화 속에 빠져있었다. 그러나 '굳건한 동맹'이라는 신화는 훼손된 한국의 주권, 상처받은 한국 독립국가성의 다른 표현이었다고 해도 과언이 아니다. 독립국가성을 회복하고 싶다면 '굳건한 동맹'이라는 신화에서 빠져나와야 한다.

북한과
미국은
친구가 될 수
있을까

V

평화의 시대,
한미동맹의 길

1. 되풀이하지 않기

미국이라는 동아줄

호랑이에게 쫓기던 남매는 하느님께 기도하는 것 외에 다른 수가 없었다. "하느님, 저희를 구해주시려거든 금 동아줄을 내려주시고, 그렇지 않으면 썩은 동아줄을 내려주세요." 하느님은 금 동아줄을 내려주셨고, 하늘로 올라간 남매는 해님과 달님이 됐다. 그걸 지켜보던 호랑이도 기도를 했다. "하느님 저를 구해주시려면 금 동아줄을 내려주시고 그렇지 않으면 썩은 동아줄을 내려주세요." 썩은 동아줄인 줄 모르고 그것을 부여잡은 호랑이는 수수밭에 떨어졌다나 뭐라나.

하느님이 남매에게 금 동아줄을 내려주었던 것처럼 미국은 우리에게 동맹이라는 금 동아줄을 선사해주었다. 미국은 북한의 침략으로부터 우리를 지켜주었고, 우리의 경제가 성장할 수 있도록 많은 물자를 제공해주었다. 한미동맹은 우리에게 금 동아줄이었다. 우리는 한미동맹을 금과옥조로 여기고 살아왔다.

　동맹을 유지하는 데 들어가는 비용은 감내해야 했다. 소파협정의 불평등성을 거론하는 것은 사치였다. 미국이 우리가 제공하는 방위비 분담금을 '절약해서' 특정 은행에 적립해놓고 이자까지 챙겨가도 그저 바라보아야만 했다. 서울의 한복판 용산기지 인근 지역이 미군기지에서 흘러나오는 기름으로 범벅이 되어도 말 한마디 하지 못했다. 미국은 우리의 안보를 지켜주는 고마운 존재였으니까. 안보보다 더 큰 가치가 어디 있겠는가. '굳건한 동맹'이라는 신화는 그렇게 만들어졌다. 미국과의 동맹이 굳건할수록 한국의 안보는 튼튼해진다는 신화.

　그러나 북한의 핵과 미사일은 미국의 안보지형을 바꾸어놓았다. 이제 미국은 '한국 방어'보다는 '미국 방어'에 집중하고 있다. '한반도 평화'보다는 '자국의 이익'을 절대적으로 우선시하는 시대가 됐다.

　우리가 부여잡고 있었던 동아줄은 더 이상 금 동아줄이 아니다. 이미 썩은 동아줄이 됐다. 이제 더 이상 '굳건한 동맹'은 없다. 미국이 미 본토 안전을 강조하는 순간부터 '굳건한 동맹'이 미국의 정책 결정에서 설 자리는 사라졌다. 만약 이 같은 상황 변화를 읽어내지 못하고 여전히 '굳건한 동맹'에 기초한 정책을 추진한다면 한국 정부는 미국의 일방적 정책에 끌려다니는 신세에서 벗어나지 못한다.

　'미국이 한국의 안보를 지원한다'는 과거의 한미동맹은 역사의 뒤켠으로 사라졌다고 해도 과언이 아니다. 한미동맹이 현재의 틀을 유지한다면 오직 '미국의, 미국에 의한, 미국을 위한' 동맹일 뿐이다. 국제정세의 변화를 정확하게 읽어내지 못한다면 우리는 과거의 뼈아픈 역사를 되풀이할 수밖에 없다.

미국이 아시아로의 확장정책을 추진하고 있었던 1905년 7월 5일, 샌프란시스코항에서 대규모의 아시아 사절단이 긴 항해를 시작했다. 여기에는 나중에 미국 대통령이 되는 윌리엄 태프트 미 육군장관도 타고 있었다. 눈치가 빠르고 역사적 안목이 있는 독자라면 벌써 눈치 챘을 것이다. 그렇다. '가쓰라-태프트 밀약'을 체결하기 위해 파견되는 외교사절단이었다.

7월 25일 요코하마에 도착한 태프트는 이틀 뒤 바로 이곳에서 가쓰라-태프트 밀약을 체결했다. 이 같은 사실을 까맣게 모르고 있었던 이승만과 윤병구는 8월 4일 시어도어 루즈벨트를 찾아가 일본의 침략으로부터 한국을 구해달라고 청원했다. 당연히 루즈벨트는 이들의 청원을 거부했다. 일부 역사가들은 루즈벨트가 대한제국의 믿음을 배신했다고 기록했다.

그러나 미국이 배신한 것이 아니라 조선 위정자들의 믿음이 잘못된 것이었다. 그들의 정세 인식은 한심했다. 이미 루즈벨트는 러일전쟁 이전부터 일본을 지원하고 있었다. 1902년의 영일동맹까지 감안하면 러일전쟁은 사실상 미국과 영국의 전폭적인 지원을 등에 업은 일본의 전쟁이었다.

이 사절단에는 루즈벨트의 딸 앨리슨도 함께하고 있었다. 밀약 체결을 철저히 숨기기 위한 고도의 연막작전이었다고 할 수 있겠다. 고종 황제는 사절단이 조선에 도착하자 앨리슨을 환영하는 대대적인 파티를 개최했다. 안타까움을 넘어 치욕스러운 역사의 한 페이지라고 할 수 있다.

미국을 동아줄로 인식해왔던 전통은 이토록 뿌리가 깊다. 그렇다면 이 같은 전통이 왜 생겼는지 좀 더 깊이 들어갈 필요가 있다. 1880년 조선에 책 한 권이 들어온다. 고종과 조선의 관리들은 이 책에 담긴 내용을 조선의 생존전략으로 채택한다. 그러나 이때 채택된 조선의 생존전략은 조선을 파멸로 이끈다. 그 책은 『조선책략』이었다.

조선을 파멸시킨 『조선책략』

고종 : 수신사가 돌아왔으니 다행이다. 수신사의 말을 들으니 일본 사람들이 매우 다정하고 성의가 있었다고 한다. 일본 사람과의 문답 중에 러시아의 일은 우려됨이 없지 않았다.

이최응 : 러시아가 자못 강성하여 중국에서도 능히 제어하지 못합니다.

고종 : 수신사 편에 온 책자는 청나라 사신이 전한 것이라는데, 그 책을 읽어보았는가?

이최응 : 그(황준헌)가 여러 조항으로 분석하고 변론한 것이 우리의 생각과 일치합니다. 러시아는 매번 남쪽을 향해 나오려고 합니다. 최근 러시아가 병선 16척을 집결시켰는데, 배마다 3,000명을 수용할 수 있다고 합니다. 그 형세는 틀림없이 남쪽으로 향할 것입니다. 대단히 위험한 지경입니다.

고종 : 러시아에 대한 방어 대책은 세웠는가?

이최응 : 어찌 우리 스스로의 대책을 세우지 않았겠습니까마는, 청나라 사람의 책에서 논한 것이 이처럼 완벽하니 그중 믿을 만한 것은 믿고 활용해

　　고종실록 17권에 수록되어 있는 고종과 영의정 이최응 간의 대화 내용을 각색한 것이다. 1880년 9월 4일 두 사람이 나눈 대화에 등장하는 '수신사 편에 온 책자'는 바로 『조선책략』이다. 1880년 김홍집이 조선의 수신사로 일본에 갔을 당시 일본 주재 청나라 공사관에 근무하던 황준헌이 쓴 책이다. 황준헌으로부터 이 책 한 권을 받아들고 귀국한 김홍집은 고종이 읽을 수 있도록 진상했다.

　　위 대화에서 확인되듯이 고종과 영의정은 『조선책략』의 내용에 동의하고 그에 기초해서 대외 정책을 펼칠 것을 논의한다. 특히 대화 속에서 러시아에 대한 높은 경계심을 확인할 수 있다. 위에 적지는 않았지만 "러시아가 두만강이 얼면 걸어서라도 조선을 침략할 태세"라고까지 이최응은 말한다. 김홍집 역시 『조선책략』에 근거한 조선의 대외정책 집행에서 중심적 역할을 한다.

　　『조선책략』은 조선을 가장 크게 위협하는 국가로 러시아 제국을 지목한다. "러시아가 아시아 땅을 공략하고자 하면 반드시 조선으로부터 시작될 것"이라면서 조선은 '청나라와 친하게 지내고(친청국), 일본과 우호관계를 맺고(결일본), 미국과 연대할 것(연미국)'을 제안한다.

　　'조-청-일-미' 연합전선을 형성하여 러시아의 남하를 견제하고 저지하는 것을 조선의 생존전략으로 삼아야 한다는 것이다. 실제로 고종은 『조선책략』의 제안에 따라 1882년 조미수호통상조약을 체결했다. 청나라와는 이미 친하게 지내왔고, 일본과도 1876년 강화도에서 조일수호조규(일명 강화도조약)을 체결한 상태였다. 따라서 조미수호통상조약의 체결은 '조청일미 연합'의 사실상 완성을 의미했다.

그러나 『조선책략』은 청나라를 위한 생존전략이었다. 러시아를 견제하기 위한 '이이제이'의 일환으로 제시한 것이다. 또한 러시아의 위협을 명분삼아 청나라에 대한 충성을 요구했다. 조선책략의 내용을 좀 더 자세히 살펴보자.

> 러시아가 서양 공략을 이미 할 수 없게 되자, 이에 번연히 계획을 바꾸어 그 동쪽의 땅을 마음대로 하고자 하였다. 십여 년 이래로 화태주(지금의 사할린)를 일본에게서 얻고, 청국에게서 흑룡강 동쪽을 얻었으며, 또한 도문강 입구에 주둔하여 지켜서 높은 집에서 물병을 거꾸로 세워놓은 듯한 형세이고, 그 경영하여 여력을 남기지 않는 것은 아시아에서 뜻을 얻고자 함이다. 조선 땅은 실로 아시아의 요충에 자리잡고 있어, 형세가 반드시 싸우는 바가 되니 조선이 위태로우면 즉 중동의 형세가 날로 급해질 것이다. 러시아가 땅을 공략하고자 하면 반드시 조선으로부터 시작될 것이다.
>
> <중략>
>
> 아! 러시아가 이리 같은 진나라처럼 정벌에 힘을 쓴 지 300여 년, 그 처음이 구라파에 있었고, 다음에는 중아시아였고, 오늘에 이르러서는 다시 동아시아에 있어서 조선이 그 피해를 입게 되는 것이다. 그러한즉, 오늘날 조선의 책략은 러시아를 막는 일보다 더 급한 것이 없을 것이다. 러시아를 막는 책

략은 무엇과 같은가? 청국과 친하고 일본과 맺고, 미국과 연결함으로써 자강을 도모할 따름이다.

<중략>

청국은 러시아와 동서북이 국경에 닿아 있으므로, 러시아를 제어할 나라로는 청국이 가장 적당하다. 조선은 1,000년간 청국의 우방이 됐으므로, 편안히 지내도록 은혜를 베풀어줄 뿐 한 번도 그 땅과 백성을 탐내는 마음을 가진 적이 없었다. 오늘날 조선은 청국 섬기기를 마땅히 예전보다 더욱 힘써서 천하의 사람들로 하여금 조선과 우리는 한 집안 같음을 알도록 해야 할 것이다.

<중략>

청국 이외에 가장 가까운 나라는 일본이다. 일본이 혹 땅을 잃으면 조선 팔도가 능히 스스로 보전할 수가 없을 것이다.

<중략>

미국이 나라를 세운 시초는 영국의 혹독한 학정으로 말미암아 발분하여 일어났으므로 고로 항상 아시아와 친하고 유럽과는 항상 소원하였다. 조선으로서는 마땅히 항상 만리 대양에 사절을 보내서 그들과 더불어 수호해야 할 것이다. 미국도 조선과 수교를 원한다. 우방의 나라로 끌어들이면 가히 구원을 얻고, 가히 화를 풀 수 있다. 이것이 미국에 연결해야 하는 까닭이다.

여기서 언급되어 있는 '동쪽의 땅'이란 중국의 동북 3성을 말한다. 바로 이어진 문장에서 서술하고 있듯이 러시아는 흑룡강성과 길림성으로까지 진출을 하고 있는 상황이었다. 따라서 '러시아가 아시아를 공략하고자 한다면 조선부터 시작할 것'이라는 문장은 그 앞의 문장들과 연결되지 않는다. 이미 청나라를 공략하고 있었으니까.

따라서 '동아시아에 있어서 조선이 그 피해를 입게 되는 것'보다 청나라가 먼저 그 피해를 입게 된다. 결국 『조선책략』은 조선을 위한 생존전략이 아니라 청나라를 위한 생존전략이었다. 그러나 당시 국제관계에 눈이 어두웠던 조선 조정은 『조선책략』을 자신의 생존전략으로 채택한다. 충분한 검토도 없이 말이다. 그 후과는 참혹했다. 『조선책략』은 '조선을 파멸시키는 책략'이었다.

『조선책략』은 "러시아를 제어할 나라로 청국이 가장 적당하다"라고 주장한다. 그러나 이미 청나라는 종이호랑이로 전락해 있었다. 두 차례에 걸친 아편전쟁으로 국력은 급격히 쇠퇴했고, 러시아는 말할 것도 없이 영국, 프랑스, 독일 등 서구 열강이 청나라로의 진출을 본격화하고 있었다.

『조선책략』에 담긴 일본에 대한 제안은 재앙과도 같다. 일본은 1868년 메이지 유신을 통해 국가 대개조 사업에 착수했다. 일본을 중앙집권화하고 부국강병책을 실시했다. 일본에서 '메이지 일본의 건설자'로 추앙받고 있는 요시다 쇼인은 자신의 저서 『유수록』에서 "무력준비를 서둘러 군함과 포대를 갖추고 오키나와와 조선을 정벌하여 북으로는 만주를 점령하고 남으로는 타이완과 필리핀의 섬들을 노획해야 한다"라고 주장했다. 쇼인의 이 같은 주장은 나중에 정한론과 대동아공영권 사상의 기반이 됐음은 물론이다. 『유수록』은 『조선책략』

이 집필되기 15년여 전에 작성됐다. 그런 일본이 '조선과 가장 가까운 나라'라니.

미국이 유럽과 멀고 아시아와 친하다는 진단은 정확한 것이었을까. 1898년까지는 그랬을지도 모르겠다. 그러나 1898년 스페인과의 전쟁을 통해 쿠바와 괌, 필리핀으로까지 진출한 이후 미국은 서구 열강 특히 영국과 급격히 친밀해졌다. 청나라에서 일어난 의화단 사건은 미국과 다른 유럽 국가들을 하나의 공동체로 만들어버렸다.

『조선책략』에서 제시한 청국, 일본, 미국에 대한 진단과 대책은 전혀 들어맞지 않았다. 황준헌 본인이 동아시아 정세에 무지했을 수 있다. 혹은 의도적으로 자신의 조국 청나라를 위해 조선을 기만했는지도 모른다. 김홍집과 조선의 위정자들은 황준헌의 잘못된 충고를 곧이곧대로 받아들였다. 그렇게 조선은 몰락해갔고, 일본의 식민지로 전락했다.

조선의 위정자들은 국제정세에 둔감했고, 국제정세를 이해하려는 노력 역시 부족했다. 그 결과 『조선책략』에 의존하게 됐다. 청나라는 몰락의 길을 걷고 있었고, 일본은 조선 침략의 발톱을 드러냈다. 『조선책략』에서 권고한 국가 중에서 유일하게 남아있는 동아줄은 미국이었다. 고종이 1905년, '가쓰라-태프트 밀약'의 특명을 받고 조선을 찾은 미국의 '아시아 사절단'을 환대한 것은 이 같은 배경을 갖고 있다.

'굳건한 동맹'은 없다

국제정세의 흐름을 정확하게 읽어내지 못하면 이 같은 치욕스러운 역사가 반복된다. 많은 언론에서 한반도와 동아시아를 둘러싼 현재의 상황을 구한말의 상황과 비교한다. 현재 한반도를 둘러싼 강대국의 각축이 그때 못지않게 치열하다는 거다. 맞는 말이다. 당시 청나라와 일본, 러시아와 미국의 각축이 치열했던 것처럼 지금 미국과 중국, 일본과 러시아의 각축이 치열하다.

그런데 강대국의 각축 못지않게 우리의 외교 역시 그때와 지금이 크게 다르지 않다는 사실은 지적되지 않는다. 당시 조선은 미국이 일본과 밀약을 체결하는 국제정치 현실을 직시하지 못했다. 미국에게 우리의 운명을 의탁하고자 했다. 조선은 루즈벨트에게 뒤통수를 맞았다. 무능한 조선의 외교가 그것을 자초했다. 국제정치의 변화, 미국의 변화를 제대로 읽어내지 못했기 때문이다.

2010년 이후 한반도는 동아시아 정세의 핵으로 부상했다. 북한은 핵과 미사일 개발에 박차를 가했고, 미국은 그것을 저지하기 위해 모든 수단을 강구했다. 북핵을 명분으로 사드가 한반도에 배치되자 중국은 한국에 경제보복을 가했다. 일본은 미일동맹의 틀 속에서 '집단적 자위권'을 확보했다.

지금 한반도를 둘러싼 국제정세는 세계의 열강들이 조선으로 진출했던 130년 전과 비슷한 양상이다. 130년 전의 그때처럼 우리의 생존과 이익이 위협받는 상황에 직면해 있다. 이런 상황에서 우리의 생존전략은 무엇이 돼야 할지 진지하게 생각해봐야 한다. 과연 한미동맹은 우리의 생존전략으로 합당한지 냉정하게 판단해야 할 시점이다.

'굳건한 동맹'은 더 이상 존재하지 않는다. '굳건한 동맹'이라는 용어는 강대국이 지배하는 국제정치의 냉혹한 현실을 망각한 환상에 불과하다. 미국이 자국의 안보와 이익을 절대화하고 있는 현 시기에 '굳건한 동맹'은 한국 외교의 무능함과 무지의 다른 표현에 지나지 않는다. '굳건한 동맹'이라는 환상에서 벗어날 때 비로소 한국 외교의 새로운 지평이 열린다. 동맹의 논리에서 벗어나야 과거의 역사를 되풀이하지 않을 지혜가 생긴다.

2. 대결의 시대에서 평화의 시대로

전쟁과 평화의 갈림길에서

1장에서 2017년 한반도 ICBM 위기를 서술했다. "ICBM 쏘면 전쟁이다" "우리도 가만 있지 않겠다. 붙어보자"라고 극한의 강대강 군사적 대결이 펼쳐졌다. 2017년의 위기는 갑자기 발생한 것이 아니었다. 북미 사이의 군사적 긴장은 2010년 이후 단계적으로 높아졌다.

북한은 2010년부터 본격적으로 핵무장에 착수했고, 핵무기의 소형화, 경량화, 다종화, 정밀화를 추구했다. 다양한 종류의 미사일에 장착할 수 있는 다종의 핵탄두 개발에 착수한 것이다. 따라서 북한의 ICBM 개발은 예견된 것이었다. 2016년과 2017년 2년 동안 수십 번이 넘는 미사일을 시험발사했다.

북한이 핵을 포기할 의사가 없고, 북한이 핵무기를 사용할지도 모른다는 위기의식은 한미 양국으로 하여금 새로운 군사전략을 모색하게 만들었다. 한미 양국은 2013년 맞춤형 억제전략을 채택하고 2015년엔 작전계획 5015를 마련했다.

맞춤형 억제전략은 북한이 핵무기를 사용할 징후가 포착되면 한미 양국군의 모든 전력을 총 동원해 선제적으로 대응한다는 내용이 포함되어 있다. 맞춤형 억제전략은 선제공격 전략이었다. 군사전략은 작전계획화돼야 현실성을 갖는다. 2년 뒤에 작전계획 5015를 마련한 이유다.

북한이 남침하면 압도적 군사력으로 - 미 본토에서 최대 69만 명의 증원군이 오는 계획까지 포함되어 있었다 - 대응하는 과거의 작전계획인 5027은 북한이 핵무기를 보유한 상황에서는 더 이상 효과적인 계획이 될 수 없다. 북한의 핵무기 한 발이 남쪽에 떨어지는 순간 재앙적 상황이 만들어지기 때문에 북한이 핵무기를 쏘지 못하게 하는 것을 핵심전략으로 설정하게 됐고, 최선의 방법은 선제공격밖에 없다는 결론에 이르게 된 것이다.

북한 역시 2016년 2월 조선인민군 최고사령부 중대성명을 통해 선제공격을 공식화했다. "(한미 양국이) 사소한 움직임이라도 보이는 경우 그를 사전에 철저히 제압하기 위한 선제적인 정의의 작전수행에 진입할 것"이라면서 "1차 타격 대상은 동족대결의 모략소굴인 청와대와 반동통치기관들, 2차 타격 대상은 아시아태평양 지역 미제 침략군의 대조선 침략 기지들과 미국 본토"라고 적시했다.

2016년부터 북한과 한미동맹은 선제공격으로 전략이 바뀌었던 거다. "네가 때리면 나도 때린다"라는 전략에서 "네가 때리기 전에 내가 먼저 때린다"라는 전략으로 수정됨으로써 한반도에서는 '먼저 때리기 경쟁'이 본격화됐다.

2017년의 극한의 위기는 이런 과정을 통해 만들어졌다. 위기가 갑자기 고조된 것이 아니다. 2010년부터 상승 곡선을 그리던 한반도 위기지수가 2016년 '선제공격' 즉 '먼저 때리기' 경쟁으로 치달으면서 한 단계 더 상승됐고, 2017년 북미 양 정상의 '붙어보자' 발언으로까지 비화되면서 최고 단계의 위기 지수가 만들어진 것이다.

따라서 2018년의 긴장 완화는 놀라운 변화였다. 우리 사회에서는 북한이 공포를 느껴 태도를 바꾸었다는 해석이 주류를 이룬다. 그런 측면이 전혀 없다고 볼 수는 없다. 그러나 그렇게만 단정해버린다면 상황은 개선되기 어렵다. 북한을 더 많이 압박해야 북한이 대화에 나선다는 사고에 빠지기 때문이다. 그 같은 사고는 오히려 긴장을 다시 격화시킬 뿐이다.

문재인 정부는 북한이 11월 29일 ICBM을 '고각'으로 발사한 점에 주목했다. "우리는 긴장 격화를 원하지 않는다. 대화로 문제를 해결하기를 바란다"라는 메시지로 해석했다. 그 같은 해석은 주효했다. 남북 사이의 물밑 접촉이 시작됐다. 국정원의 서훈 원장과 조선노동당 통일전선부의 김영철 부장이 주도했다.

전쟁과 평화의 갈림길에 서 있던 한반도에서 평화의 싹이 트는 순간이었다. 2018년에 시작된 평화로의 여정은 그렇게 시작됐다.

판문점에서 평화를 선언하다

2018년 4월 27일 판문점에 국제적 관심이 집중됐다. 남과 북 정상이 11년 만에 정상회담을 한다는 것만으로도 빅 뉴스였다. 게다가 남북대결의 상징이었던 판문점에서 개최되는 것이었으니 국제사회의 이목이 집중되는 것은 당연했다.

양 정상은 첫 만남부터 파격을 보였다. 김정은 국무위원장이 문재인 대통령의 손을 이끌고 군사분계선을 넘어 북쪽으로 올라갔다가 다시 내려오는 장면은 전 세계에 생중계됐다. 문재인 대통령이 '국가보안법을 위반하고, 성선협성을 위반했다'는 우스갯소리가 곳곳에서 터져 나왔다.

'도보다리 산책'은 양 정상의 신뢰를 쌓고 돈독히 하기에 충분한 시간이었다. 배석자 한 명 없는 홀가분한 상태에서 두 정상은 한반도의 평화와 번영, 통일을 위한 자기의 생각을 허심탄회하게 피력했을 것이다. 신뢰는 상대방의 생각을 듣고, 파악하고, 이해하는 데서부터 시작된다. 그 누구의 눈치도 보지 않는 솔직한 대화만큼 신뢰 형성의 지름길은 없다.

남북 정상회담과 판문점선언을 마땅치않게 생각하는 사람들은 "비핵화가 맨 뒤에 있으니 실패한 것이다"라고 폄하한다. 어떤 사람들은 이걸 반박한답시고 "원래 주인공, 중요한 것은 가장 마지막에 위치한다. 비핵화가 가장 중요한 합의사항이다"라고 주장한다.

두 주장 모두 진실과는 한참 먼 이야기다. 판문점선언의 공식명칭은 '한반도 평화와 번영, 통일을 위한 판문점선언'이다. '평화'가 당면한 과제라면, '통일'은 궁극적 지향이다. 평화역을 경유해서 통일역으로 가는 '한반도 열차'는 '번영'이라는 안전하고 쾌적한 환경을 갖추어야 한다. 그래야 승객들을 더 많이 탑승시킬 수 있다. 따라서 '번영'은 평화에서 통일로 가는 촉진제라고 할 수 있다.

'판문점선언'은 한반도 평화를 만드는 과정을 두 단계로 구체화시켰다. 그렇게 함으로써 보다 현실적이고 구체적인 평화 로드맵을 완성시켰다.

일반적으로 분쟁은 네 가지 경로를 갖는다.

첫째, 군사적 해결이다. 국공내전이나 베트남전쟁이 이 같은 경로를 통해 평화를 달성했다. 분쟁의 어느 한쪽이 다른 쪽을 군사적으로 압도할 경우 이 같은 경로를 통해 평화가 이루어진다. 그러나 이 같은 평화는 엄청난 인적, 물적 피해를 수반한다. 현재 한반도가 설정할 수 없는 경로다.

둘째, 군사적 충돌의 지속이다. 중동 사태가 대표적 사례다. 한반도 역시 작년까지 이런 경로를 걷고 있었다.

셋째, 분쟁의 평화적 관리다. 발생 원인을 해소하지 못했기 때문에

분쟁이 해결되지 않은 상태에서, 다만 분쟁이 군사적 충돌로 비화되지 않도록 관리하는 것이다. 지금까지 한국전쟁 이후 한반도는 군사적 충돌과 분쟁의 평화적 관리 사이를 배회했다고 할 수 있다. 끊임없이 전쟁 위기를 겪으면서도 대규모 군사적 충돌로 비화되지 않는 상태가 지속됐다.

넷째, 분쟁을 평화적으로 해결하는 것이다. 즉 평화협정을 체결하고, 한반도 분쟁 당사자들의 관계를 평화적 관계로 전변시키는 경로다. 분쟁의 군사적 해결도, 군사적 충돌의 지속도 우리의 선택지가 될 수 없다. 한반도는 군사적 충돌이 일어나지 않도록 분쟁을 평화적으로 관리해 나가면서, 다만 거기에 그치는 것이 아니라 평화체제를 구축함으로써 분쟁을 평화적으로 종결시켜야 한다.

'군사적 긴장상태 완화'와 '전쟁 위험 해소' 방안을 담고 있는 '판문점선언' 2항은 분쟁을 평화적으로 관리하는 데서 반드시 필요한 사항을 담고 있다. "지상과 해상 그리고 공중에서의 모든 적대행위를 전면 중단"하고 "서해를 평화수역으로 만들어 우발적 충돌을 방지"하기로 합의했다. '판문점선언' 2항이 올곧게 이행된다면 한반도 분쟁은 평화적으로 관리될 수 있다.

'판문점선언' 3항은 분쟁을 평화적으로 해결할 수 있는 방안을 제시한다. 남과 북은 불가침을 재확인했다. 단계적인 군축까지 합의했다. 한국전쟁을 종결시키는 '종전선언'을 채택하고, 평화협정과 평화체제를 구축하기로 합의했다. '한반도 비핵화'와 '핵없는 한반도'라는 한반도 평화의 구체적 상까지 제시했다.

이로써 한반도 열차는 '평화역'을 향한 새롭고 긴 여정을 시작하게 됐다. 지금까지 이 열차는 '대결과 적대'라는 강력한 제동장치가 걸려 있었다. 4.27 판문점 정상회담은 이 제동장치를 해제하기 위한 작업이었던 셈이다. 그리고 그 제동장치가 해제됨으로써, '평화역'을 향한 한반도 열차가 출발할 수 있게 됐다.

남북 주도의 평화

그런데 해결해야 할 또 하나의 문제가 있다. 한반도 열차를 움직이게 하는 동력이 무엇인가 하는 점이다. 한반도 열차를 움직이는 동력은 내적 동력과 외적 동력으로 구분해 볼 수 있다. 지금까지 한반도 열차는 내적 동력보다는 외적 동력이 크게 좌우해왔다고 해도 과언이 아니다. 미국과 중국으로 대변되는 강력한 주변국들이 한반도를 좌지우지해 왔다. 그런데 이번 판문점선언에서 양 정상은 한반도를 지배했던 '분단과 대결'을 냉전의 산물로 규정하고, '민족적 화해와 평화 번영의 새로운 시대'를 남과 북이 열어가기로 합의했다. '더 이상 전쟁은 없을 것'이고 '새로운 평화의 시대'가 도래했음을 선포했다. 남과 북이 한반도 평화 문제를 해결하는 주역임을 강조한 것이다. 남과 북이 협력해서 남북관계를 발전시키고, 그렇게 발전하는 남북 합작의 힘으로 한반도 평화를 만들어가기로 양 정상이 의견 일치를 보았다.

'한반도 열차'를 움직이는 동력은 남북관계의 발전이다. 이 열차는 미국에 의해서 혹은 중국에 의해서 움직이는 게 아니다. 또한 남쪽만의 힘으로, 북쪽만의 힘으로도 움직여지지 않는다. 남과 북이 손을 잡고 대화하고 협력해야 움직인다. 그래서 남북관계 발전을 위한 세부적 항목이 '판문점선언' 1항에 놓이게 된 것이다.

따라서 '판문점선언' 1항이야말로 4.27 남북 정상회담의 가장 큰 의의를 갖는 것이라고 할 수 있다. 판문점선언의 1-①은 남북관계를 민족 자주의 원칙에서 발전시켜 나가기로 했다. 민족 자주의 원칙을 확실하게 해야 남과 북이 주도하는 평화를 만들 수 있다. 1-②는 '판문점선언' 이행을 위한 양 정상의 의지가 담겨 있다. "합의된 문제들을 실천하기 위한 적극적 대책"을 강구하기로 합의했다. '판문점선언'을 빠르게 이행하고, 이행을 위한 적극적 대책을 강구하기 위해서는 일상적인 논의 기구가 있어야 한다. 1-③에서 남북공동연락사무소 설치를 합의한 이유다. 당국간 상설 논의기구가 있어야 실천을 위한 일상적이고 안정적인 논의가 가능하다.

남북관계 발전의 원칙을 세우고, 양 정상의 의지를 확인하고, 안정적인 논의기구까지 합의했으면 이제 남북관계 발전을 위한 실질적인 방안이 제시돼야 한다. 무엇보다 중요한 것은 잦은 만남과 접촉을 통해 '민족적 화해와 단합의 분위기'를 고조시키는 것이다. 1-④에서 적시하고 있는 내용이다. '민족적 화해와 단합의 분위기'는 안팎에서 고조돼야 한다. 안으로는 민족의 의의가 있는 날을 공동으로 기념하는 다양한 행사를 적극적으로 추진해야 하고, 밖으로는 스포츠 경기 등 국제적인 행사에 공동으로 진출해야 한다. 한편 분단이 지속되면서 인도적인 문제가 발생했다. 이런 문제들을 해결하지 않고서는 '민족적 화해

한반도의 평화와 번영, 통일을 위한 판문점 선언

- 남북관계의 전면적이고 획기적인 개선과 발전
  - 민족자주의 원칙 확인. 기존 합의 철저한 이행
  - 당국회담 개최, 실천을 위한 적극적 대책
  - 당국 협의와 민간교류 보장하기 위해 개성에 남북공동연락사무소 설치
  - 각계 각층 협력과 교류 왕래 등 접촉 활성화
    - 안으로는 의의 있는 날에 당국, 국회, 정당, 지방자치단체, 민간단체 등이 참여하는 민족공동행사 추진
    - 밖으로는 국제경기 공동 진출
  - 인도적 문제 시급 해결/적십자회담 통해 이산가족친척 제반 문제 해결
    - 당면하여 8.15 이산가족, 친척 상봉 진행
  - 10.4 선언 합의 사항 적극 추진/1차적으로 철도와 도로를 연결하고 현대화하며 활용 위한 실천적 대책

- 한반도 군사적 긴장 완화, 전쟁 위험 해소
  - 모든 공간에서 일체의 적대행위를 전면 중지
    - 5월 1일부터 군사분계전 적대 행위 중지, 그 수단 철폐, 비무장지대를 평화지대로
  - NLL 평화 수역, 우발적 충돌 방지, 어로 활동 보장
  - 군사적 보장 대책 ─ 군사당국자 회담 자주 개최/5월 중에 먼저 장성급 군사회담

- 한반도의 항구적이며 공고한 평화체제 구축
  - 불가침 합의 재확인, 엄격히 준수
  - 단계적으로 군축 실현
  - 올해 안에 종전 선언/ 남북미 3자 혹은 남북미중 4자 적극 추진(평화협정 전환, 평화체제 구축)
  - 완전한 비핵화 통해 핵없는 한반도 실천
    - 북측의 의의 있는 중대 조치 / 앞으로 각기 자기의 책임과 역할 다하기로
    - 한반도 비핵화 위한 국제사회의 지지와 협력 위해 노력

와 단합'이 실현되기 어렵다. 1-⑤에서 인도적인 문제를 시급히 해결하고 8월 15일에 이산가족 상봉 행사를 열기로 합의했다.

그 외에도 남북관계를 발전시키기 위해 해야 할 일은 너무나도 많다. 그런데 이미 2007년 2차 정상회담에서 남북협력사업을 상당히 합의한 바 있다. 1-⑥에서 10.4선언을 조속히 이행함으로써 '민족경제의 균형적 발전과 공동번영'을 위한 협력사업을 적극적으로 추진하기로 합의한 이유다. 그중에서도 철도와 도로를 가장 먼저 연결시키기로 합의했다.

'판문점선언'은 한반도의 새로운 평화를 선언한 것이다. 그리고 한반도의 평화를 남과 북이 주도하기로 합의한 것이다. 남과 북이 주도하기 위해서는 의지만으로는 안 된다. 남북관계가 발전해야 한다. 그래서 '민족적 화해와 단합의 분위기'를 고조시켜야 하고, '민족경제 발전과 번영'의 청사진이 펼쳐져야 한다. 또한 이런 과정을 빠르게 만들기 위해서는 남북 정상의 의지가 대단히 중요하다. 당국간 상설적인 논의기구가 마련돼야 한다. 이번 '판문점선언'은 이런 전반적인 모든 문제가 논의되고 합의된 것이다.

이 정도면 대단히 훌륭한 합의가 아닐까. 최초의 '남북 주도 한반도 평화선언'이라고 해도 과언이 아니다. 남과 북이 주도하는 한반도 평화시대가 선포된 것이다. 대결의 상징으로 간주됐던 판문점에서 말이다.

3. 평화의 시대, 동맹의 길을 묻다

평화의 시대에 동맹이 지속되면?

2018년 5월 중순 남북 대화에 먹구름이 조성된 적이 있다. 남북 당국은 '판문점선언' 이행을 위해 5월 16일에 고위급 회담을 개최하기로 합의했다. 참가자 명단도 교환했기에 회담이 무산될 것이라는 예상은 그 누구도 하지 않았다. 그런데 고위급 회담을 열기로 한 5월 16일 새벽 북한은 돌연 회담을 연기한다고 통보했다.

북미 정상회담을 앞두고 북한이 '통미봉남'으로 접어들었다는 등 억측이 난무했다. '판문점선언'을 달갑지 않게 여겼던 사람들은 "역시 북한은 믿을 수 없어"라며 쾌재를 불렀다. 그 반대의 편에 있던 사람들은 어렵게 만들어진 평화의 분위기가 깨지는 것이 아닌가 불안해 했다.

원인은 한미 군사연습이었다. 한미 군당국은 해마다 '맥스 선더'라는 공군 연합비행 훈련을 실시해왔다. 2018년엔 5월 11일부터 25일까지 2주간 일정으로 계획됐다. 북한은 이 훈련 자체를 문제삼지는 않았다. 그랬다면 고위급 회담을 5월 16일 열기로 합의하지 않았을 것이다.

그런데 맥스 선더 훈련에서 F-22 전투기가 참가했다는 사실이 확인됐다. F-22는 레이더에 포착되지 않는 스텔스 기능을 갖춘 공격용 무기다. 맥스 선더 훈련에 F-22가 참가했다는 것은 훈련이 공격적 성격을 갖고 있음을 의미한다. 북한은 바로 이 점을 문제삼았다. 북한의 통신 역시 "'F-22 랩터' 스텔스 전투기를 포함한 100여 대의 각종 전투기들이 동원"됐다고 지적하고 "남조선 전역에서 우리를 겨냥하여 벌어지고 있는 이번 훈련"이라고 비판했다.

사실 맥스 선더 훈련에 F-22가 참가했다는 것은 "지상과 해상, 공중을 비롯한 모든 공간에서 일체의 적대행위를 중단한다"고 합의한 '판문점선언'을 위반한 것이다. 북한의 고위급 회담 연기는 충분한 이유가 있었다. 즉 "너희들 왜 판문점선언에 위배되는 군사훈련을 하느냐? 이러면서 남북관계 발전을 운운할 수 있느냐?" 하는 문제제기였다.

이제 남측 당국으로 눈을 돌려보자. 한미 군사연습은 한미 국방 당국 간의 협의사항이다. 한국의 국방부장관은 맥스 선더 연습에 F-22가 참가한다는 사실을 통보받았을 것이다. 명시적이건, 묵시적이건 국방부장관의 동의가 있었기 때문에 F-22가 군사 연습에 참가할 수 있었다.

한국의 국방부장관이 '판문점선언'에 부합하지 않은 정책을 추진한 셈이 되었다. 만약 국방부장관이 '판문점선언'에 입각해서 국방정책을 펼쳐나갔다면 미국 군당국에게 F-22 참가는 안 된다는 분명한 입장을 밝혀야 했다. 그럼에도 미국이 F-22 참가를 강변했다면 대통령에게 보고를 했어야 한다.

F-22 참가를 송영무 장관이 동의했는지 여부, 불가 입장을 천명했는지 여부, 문재인 대통령에게 보고했는지 여부 등 자세한 내용은 확인하기 어렵다. 그러나 최소한 이런 결론은 가능하다. 송영무 장관은 F-22 참가에 동의했다. 이 과정을 청와대의 안보실이나 문재인 대통령은 꼼꼼하게 체크하지 못했다. 즉 남측의 일부 당국자들은 '판문점선언' 이후에도 '판문점선언'에 부합하지 않는 정책을 추진했고, 그것을 제대로 관리하지 못했다. 그들은 '판문점선언'보다는 '한미동맹'에 부합하는 정책을 추진했다.

판문점선언이 채택된 지 3주도 채 되지 않아 판문점선언과 한미동맹이 정면에서 충돌했던 셈이다. 판문점선언은 한미동맹에 압도당한다. 만약 이런 상황이 반복된다면 한반도 평화는 또 위기에 봉착하게 될 것이다.

그렇다면 5월의 그 상황은 일시적 현상이었을까.

2017년 12월 발표된 트럼프 정부의 국가안보전략 보고서는 "북한의 미사일 위협에 대응하는 데서 미국의 동맹국들이 대단히 중요하다"라고 적고 있다. 보고서는 "동맹국들은 미국의 힘을 키우고, 미국의 영향력을 확장시키기 때문에, 동맹국들과의 긴밀한 협력이 필요하다"라고 부연한다. 한국과 일본 같은 미국의 동맹국들은 '안전보장 제공의 대상'이 아니라 '미국의 힘과 영향력을 키우는 존재'로 규정됐다.

NATIONAL SECURITY STRATEGY

from the west coast of India to the western shores of the United States, represents the most populous and economically dynamic part of the world. The U.S. interest in a free and open Indo-Pacific extends back to the earliest days of our republic.

Although the United States seeks to continue to cooperate with China, China is using economic inducements and penalties, influence operations, and implied military threats to persuade other states to heed its political and security agenda. China's infrastructure investments and trade strategies reinforce its geopolitical aspirations. Its efforts to build and militarize outposts in the South China Sea endanger the free flow of trade, threaten the sovereignty of other nations, and undermine regional stabil-

Sustaining favorable balances of power will require a strong commitment and close cooperation with allies and partners because allies and partners magnify U.S. power and extend U.S. influence.

eration of the world's most destructive weapons across the Indo-Pacific region and beyond.

U.S. allies are critical to responding to mutual threats, such as North Korea, and preserving our mutual interests in the Indo-Pacific region. Our alliance and friendship with South Korea, forged by the trials of history, is stronger than ever. We welcome and support the strong leadership role of our critical ally, Japan. Australia has fought alongside us in every significant conflict since World War I, and continues to reinforce economic and security arrangements that support our shared interests and safeguard democratic values across the region. New Zealand is a key U.S. partner contributing to peace and security across the region. We welcome

2017년 12월 트럼프 정부가 발표한 국가안보전략보고서.
미국은 자국의 안보와 이익을 위해 동맹 정책을 펼쳐야 한다고 주장한다.

그래야 미국에게 우호적인 세력균형(favorable balance of power)이 지속된다는 논리다.

트럼프 정부의 국가안보전략보고서에 따르면 한미동맹은 '미국의 힘과 영향력을 키우는 수단'이다. 전략자산의 전개는 그 일환이라고 할 수 있다.

미국은 2019년부터 적용될 방위비분담금에 전략자산의 전개비용을 포함시켜야 한다고 주장했다. "한국에서 미군들이 휴전선을 지키고 있지만, 우리는 그 대가를 제대로 지불받지 못하고 있다"라는 트럼프의 불평이 언론에 보도된 적도 있다.

문제는 비용이 만만치 않다는 것이다. 통상적으로 항공모함 한 대가 한반도로 전개되는데 하루 250만 달러가 소요된다. 전략폭격기의 경우 미 본토에서 한반도로 이동할 경우 왕복 300만 달러가 들어간다. 1년에 수차례 훈련이 진행되고, 한 번 참가할 때마다 1~2척의 항공모함과 경우에 따라 수십 대의 전략폭격기가 전개된다. 대략 계산해보아도 1년에 수천만 달러에서 수억 달러가 전개비용으로 소비된다. 미국은 바로 이 비용을 한국에게 분담하라고 요구하는 것이다.

전략자산의 전개는 '판문점선언'에 정면으로 위배됨으로써 한반도 평화를 위협한다. 동맹이 이런 방향으로 지속되면 한반도 평화를 파괴하는 미국의 정책을 우리의 예산으로 지원해야 한다. 미국은 한반도 평화를 파괴하는 정책을 추진하면서 그 비용을 우리에게 요구하고 있다.

한반도 평화를 위한 새로운 시대는 한미동맹에서 이탈했을 때 비로소 현실화될 수 있다.

재앙에서 축복으로: 한반도 지정학의 두 얼굴

한반도의 지정학적 위치는 우리에게 '재앙'이었다. 해양세력이 유라시아 대륙으로 진출하는 데서 한반도는 첫 관문이었다. 임진왜란, 청일전쟁, 러일전쟁은 태평양 지역의 해양세력이 유라시아 대륙으로 진출하기 위해 벌인 전쟁이었다. 해양세력과 대륙세력의 힘이 충돌할 때는 항상 한반도에서 전쟁이 발발했다.

이 같은 이유로 한반도의 지정학적 숙명론이 우리의 사고를 지배해왔다. 즉 반도가 갖는 지정학적 위치상 우리는 끊임없이 주변 강대국의 침략에 시달릴 수밖에 없다는 주장이 별다른 반박 없이 수용되어 왔던 것이다. 한스 모겐소라는 미국의 '특출한' 정치학자가 끼친 영향력도 무시할 수 없다. 그는 "한반도의 운명은 대륙세력과 해양세력 간의 세력 균형에 의해 좌우돼 왔다"라고 규정함으로써 우리 사회 지식인들이 한반도의 지정학적 숙명론을 받아들이게 하는 데 일조했다.

2006년 8월 5일 동아일보에 실린 "재미있는 지리학"은 반도의 지정학적 숙명론 그리고 그 같은 숙명론이 한미동맹과 어떤 논리적 연관성을 갖는지 보여주는 대표적 주장이다.

> 반도 국가는 국력이 뒷받침되지 않으면 언제든 속국으로 전락할 위험이 있다. 힘이 있다면 대륙과 해양 양쪽으로 뻗어 나갈 수 있지만 힘이 없으면 양쪽으로부터 압착을 당해 존립마저도 위태로워진다. 그런 위험에 빠지지 않으려면 영토적 야심이 상대적으로 덜한 제3의 국가와 동맹을 맺어 힘을 보충해야 한다. 이는 선택의 문제가 아니라 반도국가에 사는 한 거의 숙명에 가깝다. 그게 싫다면 한반도를 통째로 들어 다른 곳으로 옮길 수밖에 없다.

반도 국가인 대한민국은 대륙세력인 중국과 해양세력인 일본으로부터 협공을 받고 있다는 것이다. 틀린 말은 아니다. 그래서 대한민국에 대한 영토적 야심이 '상대적으로 덜한 제3의 국가' 즉 미국과 동맹을 맺는 것은 필연적이다. 결국 반도 국가의 숙명을 갖고 있는 대한민국은 미국과 동맹을 체결해야 안전이 유지된다는 주장이다. 마지막 문장은 체념으로 들린다. "한국의 위치를 옮길 수는 없잖아? 그러니까 미국과의 동맹이 우리의 살길이야. 기분 나빠도 어쩔 수 없어"라고 독자들을 설득한다.

이 칼럼이 쓰여졌던 2006년 8월은 한미 관계가 사회적 논쟁이 되던 시기였다. 전시 작전통제권의 환수, 주한미군의 전략적 유연성, 한미 FTA 등 다양한 영역에서 한미 관계에 대한 자성과 비판의 목소리가 터져 나오던 시점이었다. 이 글의 목적은 분명하다. 지리적 위치가 우리의 숙명이듯이, 한미동맹 역시 우리의 숙명이라는 것이다.

그러나 조금만 사고를 달리 하면 반도라는 지리적 위치는 재앙이 아니라 축복일 수도 있다. 반도라는 지리적 위치는 두 개의 서로 다른 문명권이 만나는 곳이기 때문에 양측의 문명을 받아들이고 새로운 문명으로 발전시킬 수 있는 최적의 조건이 된다. 대륙세력에게는 해양으로, 해양세력에게는 대륙으로 진출하는 가교 역할을 함으로써 양 세력권으로부터 구애를 받을 수 있는 기회의 창이 열릴 수도 있다.

고려 시대 벽란도가 대표적 사례다. 예성강과 한강이 만나는 서해 하구에 위치한 벽란도는 중국의 송나라와 일본 그리고 아라비아 상인들까지 드나드는 국제 무역항이었다. 우리나라를 일컫는 '코레아'라는 말은 이곳 벽란도를 통해 고려를 다녀간 아라비아인들에 의해 붙여진 것이다.

19세기 후반 한반도를 재앙으로 몰아갔던 것은 반도라는 지리적 위

치 때문이 아니다. 적대와 대결이 지배했기 때문이다. 그 발단은 동학
농민운동과 청일전쟁이었다. 전라북도를 중심으로 동학농민의 저항이
시작됐고, 동학농민의 요구를 적대와 대결의 시각으로만 바라보았던
고종 정부는 청나라에 진압을 요청했다. 청나라 군대가 한반도에 들어
오자 일본군이 같이 들어왔다. 그리고 이들은 한반도의 지배권을 놓
고 전쟁을 벌였다.

그 후 한반도는 재앙의 연속이었다. 러일전쟁, 일제강점기, 중일전
쟁과 태평양전쟁으로 이어졌다. 일본의 항복으로 태평양전쟁은 끝났
으나 한반도는 또 다시 적대와 대결의 정치가 펼쳐졌다. 적대와 대결
은 분단을 초래했고, 한반도는 또 다시 전쟁으로 치달았다. 결국 한반
도 운명을 결정지었던 관건적 문제는 시리적 위치가 아니라 대결과 적
대의 정치에 있었다.

한반도의 지정학적 위치가 적대와 대결을 부추기고 강화하는 장
치로 작동한 것은 분명한 사실이다. 반도는 대륙세력과 해양세력의 이
해관계가 만나는 곳이다. 반도 안에서 적대와 대결의 정치가 펼쳐지면
대륙세력과 해양세력은 바로 그 틈바구니를 비집고 들어온다. 청나라
와 일본, 러시아와 일본, 소련과 미국, 중국과 미국이라는 대륙세력과
해양세력이 한반도를 놓고 충돌한 것은 한반도 안에서 적대와 대결의
정치가 지배했기 때문이다. 즉 우리 안에서의 적대와 대결이 주변 강
대국을 불러들이고 이들로 인해 적대와 대결의 정치는 국제적 양상으
로 발전하게 됐던 것이다.

반대로 한반도의 지리적 위치는 지정학적 축복이 될 수도 있다. 한

반도에서 화해와 협력의 정치가 지배하게 된다면, 대륙세력과 해양세력이 한반도에서 갖는 이해관계는 조정될 수밖에 없다. 자신의 이익을 배타적으로 추구하는 것이 불가능해지기 때문이다.

물론 우리는 이 같은 지정학적 축복을 경험해보지 못했다. 그래서 과연 그렇게 될 것인가 하는 우려와 의구심이 드는 것은 당연하다. 그러나 가보지 않았다고 해서 길이 아니라고 단정지을 수는 없다. 실제로 우리는 반도의 지정학이 재앙이 아니라 축복이 될 수도 있다는 가능성을 2018년 남북 정상회담을 전후해서 확인했다.

남과 북이 정상회담을 합의하니 미국의 대통령 트럼프가 북미 정상회담에 적극적으로 나섰다. 중국의 시진핑 역시 북미 정상회담을 환영하며 북중 정상회담을 갖고, 한반도 평화 정착에서 건설적 역할을 하겠다는 입장을 피력했다.

한반도의 지정학이 재앙이 되는가 축복이 되는가 여부는 한반도에서 어떤 환경이 만들어지느냐에 좌우될 수 있다는 것이 확인된 것이다. 그 반대의 경우도 확인한 바 있다. 남과 북이 적대와 대결을 강화하자 중국과 미국의 대결이 격화됐다. 한국이 사드 배치를 결정하자 중국이 한국에 대한 경제보복조치를 취했다. 한반도를 중심으로 하는 미국과 중국의 적대와 대결 역시 강화됐고, 그 피해는 오롯이 한국의 몫이었다.

우리의 선택은 분명하다. 남과 북이 적대와 대결에 종지부를 찍고 화해와 협력의 길로 나아간다면 한반도의 지정학은 축복으로 기능하게 될 것이다. 이미 여기까지 읽은 독자들은 눈치를 챘겠지만, 한미동맹은 적대와 대결을 부추기는 정치다. 한미동맹은 북한을 혹은 중국을 군사적 적국으로 규정하는 정치논법이다. 제 아무리 '세력균형'이니 하는 수식어를 갖다 붙이더라도 동맹은 그 속성상 적과의 대결 그것도 군사적 대결을 핵심으로 한다.

한반도는 남과 북이 주도하는 평화의 시대를 향해 나아가고 있다. 적대와 대결을 부추기는 동맹이 설 자리는 더 이상 없다. 우리가 동맹에서 이탈해야 할 이유다. 한반도에서 평화를 바란다면, 남과 북의 화해와 협력을 지향한다면 동맹은 더 이상 우리의 선택이 될 수 없다.

비동맹: 한반도 평화의 새로운 길

"미국과 관계를 끊자는 것이냐?"

탈동맹을 이야기하면 이런 질문을 종종 접한다. 충분히 나올 수 있는 질문이다. 미국과의 관계에 대해 우리는 동맹 외에는 상상을 해보지 못했던 것이다. 그러나 미국과의 동맹에서 이탈한다고 해서 미국과의 관계 자체가 없어지지는 않는다.

"어떻게 감당하자는 것이냐?"

이런 질문 또한 많이 나온다. 미국과의 동맹을 끊으면 한국 사회에 대혼란이 발생할 것이라는 우려 때문이다. 혼란은 있을 것이다. 모든 변화에는 혼란이 따르게 마련이다.

이런 질문들은 역설적으로 탈동맹에 대한 사회적 논의를 빨리 시작해야 하는 현실을 반영한다. 앞으로 한미동맹은, 원하건 원하지 않건, 변화가 불가피하다. 한반도 냉전이 종식되고 있다. 종전선언이 추진되고 있다. 북미관계 정상화가 시작되고 있다.

2018년 6월 12일 싱가포르. 세계인은 환호했다. 그들은 더 이상 '늙다리'도, '로켓맨'도 아니었다. 안전보장과 비핵화를 교환했다. "수십 년에 걸친 긴장과 적대를 극복"하고 "새로운 미래"를 열기로 다짐했다. 가장 오래된 적대관계의 청산을 합의한 역사적 회담이었다. 두 차례의 세계대전에서 적대의 축을 형성했던 프랑스와 독일도, 냉전의 축을 담당했던 미국과 소련도 북한과 미국만큼 오랫동안 적대관계가 유지되지는 않았다.

북미 적대관계의 청산은 한반도 냉전의 종식을 의미한다. 한미동맹은 냉전의 산물이다. 한반도 냉전의 해체는 동맹의 성격 변화를 수반한다. 종전이 선언되고 한반도 평화체제가 구축되면 '북한에 대한 전쟁 억지력'으로서의 한미동맹은 더 이상 유지되기 어렵다.

한미동맹의 변화는 이미 시작됐다. 해마다 8월에 실시되는 한미 군사훈련인 '을지프리덤가디언 훈련'이 2018년 중단됐다. 북미 회담이 계속된다면 매년 3월과 4월에 실시되어 왔던 '키리졸브 훈련'과 '독수리 훈련' 역시 중단될 것이다.

미국은 국제적 냉전이 시작됐던 1990년대 초반 주한미군의 대폭 감축을 모색한 바 있다. 한반도 냉전이 심화되면서 주한미군 감축이 중단됐다. 그러나 판문점 선언 채택 이후 한반도 냉전이 해체되는 수순을 밟으면 미국은 다시 주한미군 감축 카드를 꺼내들 것이다.

한미동맹은 재조정이 불가피하다. 미국이 주도하는 재조정은 미국의 이해관계를 반영한다. 동맹의 재조정을 우리가 미리 준비하고 대안을 마련하지 않으면 미국의 이해관계가 반영되는 새로운 한미동맹이 구축된다. 우리가 동맹 재조정을 주도하지 않으면, 한반도 평화와 안전이 또 다시 위협받을 수 있으며, 우리의 주권과 이익이 손상받을 수 있다.

이제 우리는 새로운 대안을 모색해야 한다.

첫째, 미국과의 동맹을 유지하는 새로운 방법이 있을 수 있다. 중국과 러시아 혹은 일본을 견제하고 봉쇄하는 동맹이 그것이다. 그러나 이미 우리는 사드 논란을 통해 중국을 적으로 규정했을 때 우리 경제가 얼마나 큰 타격을 받는지 확인했다. 게다가 우리는 중국 혹은 러시아로부터 동맹을 체결해야 할 정도의 심각한 안보위협이 존재하거나 국가이익을 침해받고 있지 않다. 중국 혹은 러시아를 견제하는 것은 미국의 이해관계에는 부합할 수 있으나 한국의 이해관계에는 치명적 타격을 줄 수 있다는 점에서 그 같은 동맹은 우리의 대안이 될 수 없다.

일본은 최근 군사력을 강화하고 한반도에서의 주변 사태가 발생하는 경우를 가정하여 공격적인 군사정책을 취하고 있다. 아직까지 청산되지 않은 과거사까지 고려하면 일본을 견제하고 봉쇄하는 한미동맹은 상당히 매력적이다. 그러나 일본을 대상으로 하는 한미동맹의 성격 변화는 미국의 이해관계에 부합하지 않는다. 일본 견제의 목적을 갖는 한미동맹은 미국이 받아들이지 않을 것이므로 비현실적이다.

둘째, 한미동맹에서 이탈하고 새로운 동맹국을 찾는 것이다. 새로운 동맹국의 후보는 아마도 중국과 러시아 혹은 일본이 될 것이다. 일본은 우리의 정서상 그리고 그것이 갖는 파괴력 등을 감안하면 우리의 동맹국이 될 수 없다. 한편 중국 혹은 러시아와의 동맹은 미국을 적국으로 규정했을 때 가능하다. 그러나 우리가 그런 선택을 한다면 한반도는 또 다시 지정학의 재앙에 빠지게 된다. 미국과 중국 혹은 미국과 러시아의 강대국 경쟁에 한반도가 휘말려드는 결과가 되기 때문이다. 따라서 새로운 동맹국을 모색하는 것 역시 우리의 대안이 될 수 없다.

셋째, 어떤 국가와도 동맹을 맺지 않는 것, 이른바 비동맹이다. 비동맹은 상당히 매력적이다. 미국과 중국, 미국과 러시아와의 갈등과 대립이 지속하고 있다. 한반도는 정치적으로, 경제적으로, 군사전략적으로 이들의 갈등과 대립이 충돌하는 지역이다.

어느 한쪽과의 동맹은 이들의 대립과 갈등의 불씨를 한반도로 불러들이는 결과를 초래한다. 반면, 어느 쪽의 이익에도 가담하지 않는 비동맹은 한반도를 이들의 대립과 갈등에서 비껴 설 수 있게 한다. 그런 점에서 비동맹 그 자체는 우리에게 평화와 안정을 가져오는 만병통치약은 결코 아니다. 다만, 강대국들의 갈등과 대립이 한반도에서 충돌하는 것을 막는 최소한의 안전 장치라고 할 수 있다.

비동맹은 우리의 유일한 선택지이다. 70년 동안 동맹 논리가 지배하다보니 비동맹이라는 개념은 우리에게 낯설다. 그러나 익숙하다고 해서 언제나 유익한 것이 아니듯 낯선 것이 언제나 해로운 것도 아니다. 새롭게 도래하고 있는 한반도 평화의 시대는 익숙한 동맹과 결별하고, 낯선 비동맹과 친숙해질 것을 요청한다.